MARCO POLO

Brasilien

Reisen mit
**Insider
Tipps**

Diesen Führer schrieb Carl D. Goerdeler.
Er lebt seit mehreren Jahren in Rio als
Korrespondent für deutsche Zeitungen.

marcopolo.de

Die aktuellsten Insider-Tipps finden Sie unter
www.marcopolo.de, siehe auch Seite 98

MAIRS GEOGRAPHISCHER VERLAG

SYMBOLE

 MARCO POLO INSIDER-TIPPS:
Von unserem Autor für Sie entdeckt

 ★ **MARCO POLO HIGHLIGHTS:**
Alles, was Sie in Brasilien kennen sollten

 ◣◤ **HIER HABEN SIE EINE SCHÖNE AUSSICHT**

🏃 **WO SIE JUNGE LEUTE TREFFEN**

PREISKATEGORIEN

Hotels		Restaurants	
€€€	über 100 Euro	€€€	über 20 Euro
€€	30–100 Euro	€€	10–20 Euro
€	unter 30 Euro	€	unter 10 Euro

Die Preise gelten für zwei
Personen im Doppel-
zimmer mit Frühstück
pro Nacht.

Die Preise gelten für ein
Essen mit Vor-, Haupt-
und Nachspeise inklusive
eines Getränks.

KARTEN

[110 A1] Seitenzahlen und Koordinaten
für den Reiseatlas Brasilien

[U A1] Koordinaten für die Rio de Janeiro-Karte
im hinteren Umschlag

[0] außerhalb des Kartenausschnitts

Zu Ihrer Orientierung sind auch die Orte mit
Koordinaten versehen, die nicht im Reiseatlas
eingetragen sind.

GUT ZU WISSEN

INHALT

Die wichtigsten
MARCO POLO Highlights

Sehenswürdigkeiten, Orte und Erlebnisse, die Sie nicht verpassen sollten

 Karneval in Rio
Die größte Show der Welt, ein Delirium der Lebenslust in heißen Sommernächten – nichts für Stubenhocker (Seite 25)

 Copacabana
Laufsteg der Eitelkeiten, Mekka der Badenixen, Beach-Volleyballer und Strandkicker (Seite 29 und 37)

 Zuckerhut
Mit der Seilbahn von 0 auf 400 m – mitten in der Stadt und hart am Meer auf einen Granit-Glatzkopf, der sich die Stirne in den Wolken putzt (Seite 30)

 Parati
Der alte Gold- und Sklavenhafen an der »Grünen Küste« bezaubert durch koloniales Flair und schöne Badebuchten (Seite 37)

 Wasserfälle von Iguaçu
Die Katarakte am Dreiländereck stellen alle anderen Wasserfälle weltweit in den Schatten (Seite 42)

 Edifício Itália
Aus der Adlerperspektive den Betondschungel von São Paulo betrachten (Seite 46)

 Brasília
Die Hauptstadt aus der Retorte ist ein Denkmal der Moderne und ein Gesamtkunstwerk, aber nichts für Romantiker (Seite 53)

Flanieren an der Copacabana

Brasílias Kongressgebäude

 Pantanal
Der größte Süßwasser-
schwamm der Welt ist ein fast
unberührtes Paradies für Bird-
watcher, Angler und Crocodile-
Dundees (Seite 55)

 Ouro Preto
Mitten im aufgewühlten
Landmeer von Minas Gerais
liegt dieses Kleinod aus der
Goldgräberzeit (Seite 56)

 Teatro Amazonas
Auf Fitzcarraldos Spuren
bewundern Sie in Manaus die
Pracht aus einer Zeit, da sich
die Kautschukkönige ihre
Malaria mit Opern linderten
(Seite 63)

 **Flusstour
auf dem Amazonas**
Der große Strom trägt Sie in
Zeit und Raum davon, und Ihr
Boot ist eine Nussschale wie
die Erde im All (Seite 65)

 Olinda
Eine barockes Schmuckstück
aus jener Zeit, da der Rohrzucker mit Gold aufgewogen
wurde (Seite 71)

Die Wasserfälle von Iguaçu

 Genipabu
Mit dem Jeep oder auf dem
Dromedar durch die Dünen: So
viel Sand am Meer haben Sie
noch nicht gesehen (Seite 75)

 Salvador da Bahia
Brasiliens alte Hauptstadt
fasziniert durch die Pracht
ihrer Kirchen und das bunte
Straßenleben (Seite 76)

 Macumba
Die Götter Afrikas rufen Sie.
Kein fauler Zauber, sondern
tiefe Religiosität, die aus der
Sklavenzeit bis ins Hier und
Jetzt hineinwirkt (Seite 78)

 Die Highlights sind in der Karte auf dem hinteren Umschlag eingetragen

Entdecken Sie Brasilien!

Ein Kontinent im Kontinent – so bunt wie die Herkunft seiner Menschen

Todmüde fallen Sie aus der Maschine. Ihre innere Uhr ist durcheinander. Sie sind die ganze Nacht geflogen. Halb in Trance lassen Sie die Zoll- und Passkontrolle über sich ergehen. Dann öffnet sich die Tür des Airports. Endlich durchatmen! Doch statt frischer, kühler Luft atmen Sie Watte ein – warme, feuchte Watte mit einem Hauch Patschuli. Schon die ersten Bilder, Geräusche und Gerüche sind von der starken Art. Brasilien ist ein Land des Kolorits und der Kontraste.

Im Festornat: Bahianas in Salvador

Der Synkretismus, die Vermischung der Religionen und Kulturen, zeichnet Brasilien aus. Das tropische Riesenreich ist eine multikulturelle Gesellschaft: von den Nachfahren deutscher Einwanderer, polnischer Siedler, italienischer Fabrikanten, spanischer Abenteurer, japanischer Kaffeepflücker, koreanischer Schneider, syrischer Händler und afrikanischer Sklaven bis zu den Kindern der Yanomami-Indianer, die eben zum ersten Mal im Leben einen Mann mit Bart gesehen haben. Und all das im fünftgrößten Land der Erde, in das Europa leicht hi-

Barockkirchen und Goldgräberromantik: Ouro Preto in Minas Gerais

neinpasst und das vom Bergland Guyanas bis zur Pampa reicht, von den Anden bis ans Amazonasdelta.

Während »oben« am Amazonas und auch in Rio de Janeiro das Thermometer auf über 40 Grad klettert, melden einige Bergstationen in den Bundesstaaten Paraná und Santa Catarina schon mal Raureif und Schneeglätte. Je weiter man nach Süden zieht, umso europäischer erscheint Brasilien. Ordentlich verläuft hier das Leben und sauber. Statt Apfelsinen werden Äpfel angeboten, statt schwarzem Kaffee grüner Matetee. Auf den Weiden stehen schwarz-bunte Kühe und keine Zeburinder.

Neben der engen Welt der deutschen, italienischen und polnischen Häusler in Paraná und Santa Catarina herrscht die Freiheit der Erde im

Geschichtstabelle

Um 30000 v. Chr. Höhlenmalereien in Mato Grosso belegen menschliche Besiedlung auf dem Kontinent

1492 n. Chr. Kolumbus entdeckt Amerika

1494 Vertrag von Tordesillas. Spanien und Portugal teilen die Welt unter sich auf

1500 Pedro Álvares Cabral erreicht am 22. April bei Porto Seguro die brasilianische Küste und nimmt das Land für das Königreich Portugal in Besitz

1504 Das System königlicher Lehen, der Capitanias, wird eingeführt

1532 Erste portugiesische Siedlung bei São Vicente (Santos)

1537 Olinda wird gegründet. Festsetzung der Portugiesen in der Bucht von Rio

1556 Vertreibung französischer Freibeuter aus der Bucht von Rio

1624 Invasion der Holländer in Pernambuco. Sie bleiben 30 Jahre

1700 Beginn des Goldrauschs in Minas Gerais

1763 Rio de Janeiro wird Hauptstadt des Vizekönigreichs Brasilien

1808 König João VI von Portugal flüchtet auf englischen Schiffen vor Napoleon nach Rio

1822 Prinzregent Pedro ruft die Unabhängigkeit aus und wird zum Kaiser proklamiert

1840–89 Regierungszeit des Kaisers Pedro II. Öffnung und Modernisierung Brasiliens. Großgrundbesitzer und Militärs setzen ihn 1889 ab und rufen die Republik aus

1930 Getúlio Vargas putscht und errichtet einen korporatistischen Wohlfahrtsstaat

1956–1961 Präsident Juscelino Kubitschek. Brasília wird neue Hauptstadt

1964 Militärputsch. Regierung der Generäle bis 1985

1985 Tancredo Neves, erster ziviler Präsident, stirbt vor Amtsantritt

1988 Neue demokratische Verfassung nach zwei Jahren Beratung verabschiedet

1994 Präsident Fernando Henrique Cardoso leitet eine Periode wirtschaftlicher Stabilität ein und regiert zwei Amtsperioden

2000 Fünfhundertjahrfeier Brasiliens

2002 Allgemeine Wahlen; Brasilien wird zum 5. Mal Fußballweltmeister

Sattel der Pferde. Die Gauchos sind die Herren der Pampa. Sie sprechen anders, leben anders und ziehen die Stiefel kaum aus. Ihre Nahrung besteht aus Bergen von Fleisch *(churrasco)*, und sie süffeln den ganzen Tag den *chimarrão,* den Matetee, mit einem Silberrohr aus einer Kalebasse.

Der Wilde Westen Brasiliens beginnt jenseits der Küstenkordillere. Je weiter Sie in die untergehende Sonne fahren, desto einsamer wird das Land, desto karger der rotbraune Boden, den meist nur schüttere Macchia bedeckt; bis aus diesem Landmeer eine Fata Morgana aufsteigt: Brasília, die künstliche Hauptstadt, der Schreibtisch in der Steppe. 1000 km weiter nach Westen das Pantanal, das größte Sumpfgebiet der Erde, wieder 1000 km nach Norden der Amazonas, dieses gewaltige Flusssystem, eine amphibische Landschaft.

Amazonien ist so groß und gewaltig, dass noch jeder Reisende mit Ehrfurcht vor der Natur zurückgekehrt ist. Mehr als die Hälfte aller bekannten Lebensformen findet sich im tropischen Regenwald Amazoniens, darunter über 50000 verschiedene Blütenpflanzen. Pro Hektar Regenwald können 600 verschiedene Baumsorten wachsen.

Der Nordosten dagegen ist ein wüstes, archaisches Land. Ein Land des weiten Himmels und der kargen Erde. Das Land der Obristen, Honoratioren, Großgrundbesitzer und Viehbarone, der Advokaten und Ärzte, die aus Gier, Tradition oder Langeweile um die Bürgermeisterposten würfeln; Land der Rebellen und Banditen, der Viehdiebe und Wanderprediger, der Heiligen und Huren; Land der Ärmsten der Armen, der kinderreichen Landarbeiter, der landlosen Tagelöhner. Die Härte des Lebens, Dürre und Hitze haben die Menschen geformt, so wie sie auch den niedrigen, verkrüppelten Bäumen des Sertão ihre Gestalt gaben.

Fünf Millionen Steppen- und Waldindianer haben einmal auf

Sumpfgebiete, Pampas und Regenwald

Im dünn besiedelten Hinterland des Südens regieren die Gauchos

So sehen die Strände im Nordosten des Landes bei Natal aus

dem Territorium gelebt, das heute Brasilien umfasst. Im Gegensatz zu den Inkas von Peru und den Azteken Mexikos waren sie auf der Kulturstufe der Jäger und Sammler stehengeblieben und in viele hundert Völker mit eigenen Sprachen aufgeteilt. Sie erlagen schnell dem Ansturm der gierigen europäischen Abenteurer und Kolonialsoldaten, die nur ein Interesse hatten: El Dorado zu finden, das Goldland. In Brasilien fanden sie es erst einmal nicht. Pedro Álvares Cabral, der als erster Europäer seinen Fuß an die Küste setzte und das Land 1500 für die portugiesische Krone reklamierte, meldete enttäuscht nach Hause, dass es im »Land des Heiligen Kreuzes« nichts als Wälder und Wilde gebe. Mit dem Rotholz eines unscheinbaren Baums konnte man wenigstens Textilien färben:

>> **Zuckerrohr und Sklavenhandel** <<

pau brasil wurde es genannt – und hinterher trug das ganze Land seinen Namen: Brasilien. Was sollte man mit so einem Stück Kontinent anfangen, fragten sich die Portugiesen. Die Niederländer zeigten es: Man konnte Zuckerrohr anpflanzen, denn das gedieh prächtig. Die Indianer wurden zu Sklaven gepresst – in wenigen Jahrzehnten starben sie an Krankheit, Hunger und Qual. Um die Indianer zu ersetzen, verfielen die Pflanzer auf die Idee, afrikanische Sklaven zu importieren. Mehrere Millionen Schwarzafrikaner wurden von den weißen Kolonisatoren in die Neue Welt verschleppt, manches stolze Vermögen wurde mit dem transatlantischen Menschenhandel zusammengerafft. Auf dem Rücken der Ausgebeuteten, die wie Tiere behandelt wurden, entstand eine tropische Gesellschaft von »Herrenhaus und Sklavenhütte«. Die Sklaverei wurde in Brasilien erst 1889 aufgehoben. Auch heute noch gilt trotz aller Mischung: weiße Hautfarbe gleich oben/reich – schwarze gleich unten/arm. Die portugiesischen Eroberer ließen sich von ihrem Dünkel nicht abhalten, der weiblichen Schönheit – gleich welchen Teints – zu huldigen.

> **Wahre Lebenskünstler**

Afrika, Amerika, Europa – das sind die Wurzeln, aus denen der Brasil-Baum sprießt und viele Blüten trägt. Um so erstaunlicher ist es, dass dieses bunte Riesenreich durch die portugiesische Sprache zusammengehalten wird. Vielleicht liegt es daran, dass dieses Idiom biegsam ist wie eine Liane. »Brasilianisch« kann gut auf die steife Grammatik Portugals verzichten – nie aber auf die Koseform, die freundliche Floskel und die Neuschöpfung von Worten. Wie die Sprache so der Mensch. Hautkontakt und Sinnenfreude sind das Lebenselixier der Brasilianer. Wer sich abschließt und auf seinem Recht beharrt, gilt als *chato,* als stur. Der beste Ort, um das phantasievolle Spiel der Gesten und Gebärden, den Flirt und Witz zu beobachten, ist der Strand *(praia)* oder der Platz *(praça)* vor der Kirche, das große Wohnzimmer im dörflichen Leben. Brasilianer sind wahre Lebenskünstler. Noch der Ärmste der Armen hat das Lachen nicht verlernt – und das Tanzen schon gar nicht. *Sempre dá um jeito* – es gibt immer einen Ausweg. Im tropischen Klima sprießen an einem Baum zugleich die Knospen, strahlen die Blüten, reifen die Früchte und fallen die Blätter ab. Das Gegenwärtige gemahnt an die Vergänglichkeit und weist gleichzeitig auf die Zukunft hin. Der Zeitbegriff zerfließt. Was zählt, ist der Augenblick. Nordeuropäer sind anders gestrickt: Sie müssen immer an den nächsten Winter denken, ans Sparen und Planen. Für Brasilianer sind das lästige Angelegenheiten, die sie vom Leben – und das ist jetzt! – nur ablenken. Mit einem Satz: Europa wirkt wie ein Museum der Vergangenheit mit Blick auf die Zukunft, Brasilien aber wie ein Zirkus des Lebens.

Tudo bem!

Eine Formel für alle Lebenslagen

Mit »Tudo bem!« geht alles klar. Der rechte Daumen aufgereckt nach oben: »Tudo bem!« Am besten klopft man dem Partner dabei noch auf die Schulter, umarmt ihn sacht und noch ein Schlag auf den Unterarm: »Tudo bem!« Selbst wildfremden Damen haucht man ein Küsschen rechts und links neben die Wangen: »Tudo bem!« Nach einem Verkehrsunfall sieht man schon mal den blessierten Passagier aus dem zerbeulten Auto krauchen, Daumen nach oben: »Tudo bem!« – »Alles klar!«

Von Amazonas bis Zumbi

Karneval, Saudade und zahllose Ethnien prägen das Land der weiten Horizonte

Amazonas

Als Francisco de Orellana 1542 seine hungernden Kameraden in den Anden zurückließ, konnte er nicht ahnen, dass er als erster Europäer den Strom von seinen Quellen bis zur Mündung (6437 km) befahren würde. Die Indianerinnen an seinen Ufern erinnerten ihn an die Amazonen aus der griechischen Sage. Das Amazonasgebiet hat eine Ausdehnung von rund vier Millionen Quadratkilometern, seine Flüsse bilden das größte Süßwasserreservoir der Welt. Seine Wälder beeinflussen das Erdklima – Brandrodung und Landnahme gefährden dieses Gebiet und seine ökologische Funktion.

Barock

Die portugiesischen Kolonisten bauten ihre Paläste und Kirchen wie daheim. Bloß fehlte in der Regel das Geld, um dieselbe Pracht wie am Hof zu Lissabon zu entfalten. Nur in Salvador da Bahia, Ouro Preto und Olinda kann sich die barocke Architektur mit ihren europäischen Vorbildern messen.

Einer der auffälligsten Bewohner des brasilianischen Regenwalds ist der Tukan

Copacabana

Der Name des wohl bekanntesten Strandabschnittes von Rio de Janeiro bezeichnet eigentlich das ganze Stadtviertel. Es wurde erst in den 30er-Jahren des 20. Jhs. urbanisiert. Vorher bestand das Gebiet von Copacabana nur aus einfachen Bambushütten mit spitzen Giebeln – woher der Name kommt (*cabana* = Hütte).

Favela

Nicht unbedingt ein (urspünglich afrikanisches) Schimpfwort. Es bezeichnet eine Siedlung mit Schlichtbauten. Die »malerischen« Favelas an Rios steilen Berghängen sind nur eine Seite der Medaille und meistens bereits Mittelstandsquartiere. Die schlimmsten finden sich weiter außerhalb des Zentrums – und nicht nur in Rio. Jede brasilianische Großstadt hat ihre Favelas.

Fernsehen

Das Fernsehen ist (auch) in Brasilien das einflussreichste Medium. Brasiliens Globo-TV-Konzern ist nach den US-amerikanischen Netzen der zweite Mattscheibengigant auf der Erde. Besonders populär sind die »Telenovelas« (Fortsetzungsserien).

Flora und Fauna

Die Tier- und Pflanzenwelt zeichnet sich durch großen Artenreichtum aus. Mit einer Nord-Süd-Ausdehnung über 39 Breitengrade hat Brasilien ganz unterschiedliche Vegetationsformen. Da sind die Sümpfe des Pantanal, der niedrige Trockenwald *(cerrado)*, das dürre Gebiet der Caatinga und der tropische Regenwald. Man unterscheidet die Wälder auf nicht überschwemmtem *(terra firme)* und auf zeitweilig überflutetem Gebiet (Várzeawälder), die fast ständig überfluteten Sumpfwälder (Igapówald) und den feuchten Regenwald an der Küste.

Fußball

Fußball ist bekanntlich der Lieblingssport der Brasilianer. Schließlich sind sie seit 2002 fünffacher Weltmeister. Pelé, der schwarze Ballartist, wird wohl als größter Fußballstar aller Zeiten in die Geschichte eingehen. Vereine wie Flamengo oder Corinthians sind auch außerhalb der Landesgrenzen bekannt.

Goldgräber

Mehr als 40 000 Goldgräber wühlen vorzugsweise in Amazonien nach Gold – mit ihren Familien sind es einige hunderttausend, die derart ihr Dasein fristen. Wie der Luftraum, so ist auch der Untergrund in Brasilien gesetzlich frei zur allgemeinen Nutzung. Goldgräber dürfen daher selbst auf Privatgrund buddeln – wenn sie den Besitzer am Gewinn beteiligen. Goldgräberei verursacht Umweltschäden und Krankheiten bei den Indianern.

Indianer

Ursprünglich lebten wohl einmal rund 5 Mio. Indianer auf dem Gebiet des heutigen Brasilien. Übriggeblieben sind rund 200 000 Indianer in Amazonien, die sich untereinander kaum verständigen können. Riesige geografische, kulturelle

Noch fast ursprünglich leben die Yanomami im Amazonas-Regenwald

Die MARCO POLO Bitte

Marco Polo war der erste Weltreisende. Er reiste in friedlicher Absicht, verband Ost und West. Er wollte die Welt entdecken, fremde Kulturen kennen lernen, nicht zerstören. Könnte er heute für uns Reisende nicht Vorbild sein? Aufgeschlossen und friedlich sollte unsere Haltung auf Reisen sein. Dazu gehören auch Respekt vor Mensch und Tier und die Bewahrung der Umwelt.

WWF

und sprachliche Distanzen trennen die rund 800 größten Indianerstämme. Ein Faktum, das ihre Verdrängung (und Vernichtung) durch die moderne Zivilisation fördert. Rund elf Prozent des Staatsgebiets sind als Indianerschutzgebiete ausgewiesen. Aber wer will und kann das schon kontrollieren? Die Nachkommen von Indianern und Weißen werden *caboclos* genannt.

Jeito und Saudade

Zwei Schlüsselwörter in Brasilien. *Jeito* – das ist der Kniff, der Trick, der Ausweg und die Kunst, Unmögliches möglich zu machen. Ohne *jeito* funktioniert gar nichts. Deswegen heißt es: *Sempre dá um jeito* – es gibt immer eine Lösung. Man muss nur auf Gott vertrauen – denn: *Deus é brasileiro* – Gott ist Brasilianer. Ein weiteres Schlüsselwort ist *saudade*. Damit ist das Gefühl der Sehnsucht, der Zuneigung und Zärtlichkeit und auch des Heimwehs angesprochen. Ein melancholisches und musikalisches Lebensgefühl.

Karneval

Der Karneval ist ein kultureller Kosmos Brasiliens. Es gibt nicht nur einen, sondern ein Dutzend Karnevals – etwa den von Recife, von Olinda, von Bahia und von Rio de Janeiro. Gemeinsam ist ihnen allen eine euroafrikanische Wurzel – einerseits die höfischen Maskenbälle und andererseits die Sklavenfeste. Die Vitalität der afrikanischen Linie setzte sich mit Rhythmen und bunten Phantasien durch. Karneval ist im Grunde die Verherrlichung der Lebensfreude, ungestüm, sinnlich, orgiastisch.

Kautschuk

Die Zeiten des Booms sind vorbei, aber das prächtige Opernhaus in Manaus kündet noch von den ungestümen Zeiten, als Millionenvermögen mit der *Hevea brasiliensis* gemacht wurden. Nachdem es den Engländern in Malaysia gelungen war, den Kautschukbaum in Plantagen anzubauen, brach der Markt in Brasilien ein. Vorbei war es mit Glanz und Gloria am Amazonas.

Lotterie

Die Brasilianer sind Hasardeure. Sie setzen auf den hohen, schnellen Gewinn. Wenn sie dabei verlieren, macht es ihnen nichts aus: Morgen ist auch noch ein Tag. Fast jeder Brasilianer spielt in der »Tierlotterie« *(jogo do bicho)*, die fest in den Händen der Halbwelt ruht. Offiziell ist dieses populäre Glücksspiel nämlich verboten und nur das staatliche Toto erlaubt – aber wer traut hier schon dem Staat?

Mulata

In den Sambashows zeigt Brasilien der Welt die Schönheit seiner *mulatas*. Ihre hinreißende Sinnlichkeit und Musikalität sind nun mal nicht zu übersehen. Aber das gilt auch für die *mulatos*. »Schön und kaffeebraun sind nicht nur Brasiliens Frau'n …«. Mehr als ein Drittel der Bevölkerung sind Mulatten, also Nachkommen eines schwarzen und eines weißen Elternteils.

Regenwald

Früher nannte man den tropischen Regenwald »grüne Hölle«. Dann bezeichnete man ihn als »Lunge der Erde«. Falsch ist beides. Richtig ist, dass der Regenwald für das Leben auf Erden eine ungeheure Bedeutung hat. Durch Landspekulation, Holzfällerei und Viehwirtschaft wurden inzwischen mehr als 15 Prozent des amazonischen Regenwalds zerstört. Internationale Proteste und Projekte führten zu einer Trendwende. Umweltfragen haben mittlerweile auch in Brasilien höchste Priorität.

Religion

Brasilien bildet die größte christlich-katholische Region der Erde. Die Frömmigkeit ist im Volk tief verankert. Brasilianische Kleriker treten selbstbewusst auf, womit sich der Vatikan nur schwer abfinden kann. In Brasilien wurde die »Theologie der Befreiung« entwickelt – das heißt die Zuwendung der Kirche zu den Armen. Trotzdem bekennen sich immer mehr Brasilianer zu protestantischen Sekten oder zu Afrokulten. Typisch für Brasilien ist der Synkretismus, die Vermischung christlicher Inhalte und Symbole mit afrikanischen Götterkulten.

Samba

Samba ist der bekannteste der ursprünglich afrikanischen Rhythmen, die in immer neuen Varianten Eingang in die brasilianische Musik finden. Rhythmus und Musikalität sind Grundelemente der brasilianischen Kultur, wie sie in dieser Bedeutung in Europa nie vorhanden waren.

Sprache

Brasiliens Sprache ist das Portugiesische, das aber viel weicher und einfacher gesprochen wird als im

Goldgräberlogik

Über den Umgang mit Geld

José da Silva hatte sein Leben lang geschuftet und nach Gold geschürft, ohne je mehr als ein paar Kreuzer damit zu verdienen. Bis er eines Tages einen Klumpen Gold fand. Nun war er der reichste Mann auf der Welt. Das Geld tauschte er gegen Banknoten, die er alle an eine Schnur band. »Jahrelang bin ich hinter dem Geld hergelaufen. Nun soll endlich mal das Geld hinter mir herlaufen!« begründete José sein merkwürdiges Verhalten.

Rhythmus im Blut – improvisierte Samba-Session am Strand

Mutterland, ähnlich wie sich das Amerikanische vom Englischen unterscheidet. Darüber hinaus weist es afrikanische und indianische Einflüsse und damit auch kleinere Varianten im Wortschatz auf. Verglichen mit Spanisch klingt es ausgesprochen melodiös und sanft. Durch die 86 verschiedenen Diphthonge ist die korrekte Aussprache allerdings nicht leicht zu erlernen, die Grammatik ist jedoch eher einfacher als die des Spanischen, mit dem man sich in Brasilien notfalls auch durchschlagen kann.

Strände

Stolze 8000 km Atlantikstrände hat das Land zu bieten. Die granitene Steilküste im Süden flacht sich nach Norden immer mehr ab und geht dann fast vollständig in eine Dünen-Lagunen-Landschaft über. Wo keine Riffe vorgelagert sind, müssen Sie mit einer kräftigen Brandung rechnen.

Wirtschaft

Brasiliens Wirtschaft war jahrhundertelang durch tropische Sklavenwirtschaft und Kolonialwaren wie Kaffee, Kakao, Kautschuk und Rohrzucker geprägt. Diese Rohprodukte spielen zwar immer noch eine große Rolle, doch mit dem Export von Passagierflugzeugen der Marke *Embraer* erzielt Brasilien weit mehr Einnahmen. Der enorme Binnenmarkt des Landes lockt trotz aller Krisen viel ausländisches Kapital an. São Paulo ist den Anlageinvestitionen nach die größte »deutsche« Industriemetropole.

Zumbi

Zumbi war der Name eines entlaufenen afrikanischen Sklaven, der im Hinterland von Alagaos eine freie Republik (Quilombo) ausrief, in die einige tausend Schicksalsgenossen zogen. Die Rebellen konnten 1695 erst nach verlustreichen Kämpfen und Verrat besiegt werden.

Fleisch vom Grill und süße Früchte

Zum Nachtisch darf das brasilianische Nationalgetränk, der schwarze und süße cafezinho, nicht fehlen

Bevor Sie sich an die Tafel eines besseren Restaurants setzen und die Speisekarte studieren, sollten Sie einen Gedanken an »Ze José« verschwenden, den brasilianischen »Otto Normalverbraucher«, der sich so etwas kaum leisten kann. José finden Sie im *boteco*, der Eckkneipe, die auch *botequim* oder *Pé sujinho* genannt wird, was übersetzt »Dreckfuß« heißt und darauf deutet, dass Zigarettenkippen, gebrauchte Servietten und zertretene Kakerlaken den Boden bedecken. Keine Angst! Hier läuft das beste Bier vom Fass, und dazu gibt es *pastel* (gefüllte Teigtaschen), *x-burger* (Cheeseburger) oder andere Burger, Sandwiches und auch mal einfache Tellergerichte aus Reis, Bohnen und Fleisch. Das wird mit Schnaps heruntergespült, das sättigt und macht Durst nach noch mehr *chopp* (Bier vom Fass). Die Eckkneipe ist der Ankerplatz der durstigen Kehle und Seele. Da gibt es keine Klassenunterschiede. Einen *cafezinho*, meist die Tasse halb voll mit Zucker, kann sich jeder leisten, oft gibt es ihn in Büros und Banken für die Kunden umsonst.

In Brasilien schätzt man große Portionen

Brasilien ist ein Riesenland mit Riesenportionen, die meist für zwei Personen reichen. Neben der *churrascaria* hat die brasilianische Gastronomie noch eine Erfindung hervorgebracht: Kilo-Restaurants. Das sind heiße Büfetts, in denen man sich selbst so viel auf den Teller legt, wie man will, bezahlt wird nach Gewicht – saftiges Rindfleisch von glücklichen Kühen ohne Kraftfutter (also BSE-frei, dafür oft zäh), brutzelnd vom Grill und so viel, wie der Magen packt. In den großen Städten gibt es Fleischpaläste, die es wert wären, in das Guiness-Buch der Rekorde zu kommen. Schon allein die kalten und heißen Büfetts, die neben dem *rodizio* (also dem permanenten Angebot verschiedener Fleischsorten, die der Ober mit dem Spieß an den Tisch bringt) locken, sind unvergleichlich. Nebenbei: wer ein Sushi-Fan ist, der sollte lieber nach Rio oder São Paulo reisen als nach Tokio, so preiswert und reichlich findet sich der rohe Fisch sonst nirgendwo!

Brasilien ist nichts für Vegetarier – obgleich die tropischen Früchte Hunger und Durst gut löschen. São Paulo und der Süden liegen im Dunstkreis des *churrasco*: Rindfleisch vom Rost und am Spieß bis

Insider Tipp

Brasilianische Spezialitäten

Lassen Sie sich diese Köstlichkeiten gut schmecken!

Comidas (Speisen)

bacalhau – Stockfisch, der zu besonderen Festlichkeiten auf den Tisch kommt. Als Vorgericht gibt es auch *bolinhos de bacalhau*, frittierte Bällchen aus Stockfisch, Kartoffelpüree und Kräutern

bife a cavalho – gegrilltes Rinderfilet mit Spiegelei obenauf

cabrito assado no forno – Zicklein aus dem Ofen

caldo verde – Eintopf/Suppe aus Kartoffeln, Grünkohl, Olivenöl und Räucherwurst

camarões – Shrimps: *a la paulista* frittiert im Teig oder *a la bahiana* mit Käsesoße

carangeijos – handtellergroße gesottene Taschenkrebse

couve mineiro – fein geschnittener, gedünsteter Grünkohl

espeto de carne – große Fleischspieße, von denen die Portionen auf den Teller geschnitten werden

feijoada – Nationalgericht mit Reis, Bohnenbrei, Schweinefleisch

peixada – Fischsud mit Einlage von Kartoffeln und Eiern

frango – Brathuhn bzw. Hühnerteile, in allen Variationen, meist mit Pommes frites oder Reis serviert

linguiça – geräucherte Bratwurst, oft in Scheiben als Vorgericht

moqueca – Suppe aus Meeresfrüchten, zubereitet mit Dendé-Öl und Kokosmilch.

pastéis – frittierte Teigtasche mit Füllung vom Huhn oder Hackfleisch

peixada – Fischsud mit Einlage von Kartoffeln und Eiern

tacacá – heiße, scharfe Suppe aus Tucupi (dem auf der Zunge bitzelnden Maniokkraut) und getrockneten Garnelen (Amazonasküche)

Bebidas (Getränke)

agua de cóco – Kokosmilch

cafe com leite – Milchkaffee

cerveja – Bier aus der Flasche

cha de mate – kalter, süßer Matetee

chimmarão – Matetee in der Kalebasse, heiß getrunken

guaraná – belebender Saft einer Amazonas-Frucht, gibt es auch als süße Limonade

laranjada – frisch gepresster Orangensaft

limonada suíza – frischer, ungezuckerter Limonensaft

vitamina – Obstsaft mit Milch gemischt

Ein echter Gaucho und sein Lieblingsgericht: Churrasco

zum Abwinken, dazu Bratwürste, Hühnerschenkel, Schweinerippen. Im Nordosten ist *carne de sol* weit verbreitet, luftgetrocknetes Rindfleisch. In Bahia triumphiert die heiß-scharfe Afroküche mit Dendé-Palmöl. Überall an der Küste sind Meeresfrüchte angesagt. Daheim ist das Standardgericht Reis mit Bohnenbrei und ein Stück Fleisch dazu.

Ein Abendessen (ab 20 Uhr) hat so auszusehen wie ein Mittagessen (kann sich von 13 bis 16 Uhr hinziehen), und das Frühstück beschränkt sich zumeist auf Milchkaffee mit einer Buttersemmel.

Den Durst löschen die Brasilianer mit eiskaltem *(estupidamente gelado)*, leichtem Bier, auch mit eigenem Wein, und als Digestiv ist Zuckerrohrschnaps üblich. Das Nationalgetränk *cachaça* hat im Volksmund viele Namen, »Feuerwasser«, »Witwenmacher« oder »Knöpf-die-Brust-zu« – gleichwohl verliert der Schnaps aus Zuckerohr, ein klarer Rum, mehr und mehr den Ruf des

billigen Fusels und Sorgentrösters und gewinnt an Prestige und Aroma. In Rios Cachaça-Akademie kann der Kenner unter 300 Stöffchen wählen, darunter edlen Sorten, die wie Cognac im Glase stehen und auch so viel kosten.

Seit rund einem Jahrhundert werden in Brasilien Reben gepflanzt. Die größte Weinkellerei Lateinamerikas befindet sich in Bento Gonçalves. Rund 3 Mio. Hektoliter Wein produziert Brasilien, ein kleiner Teil davon (7 Mio. Liter) wird exportiert. In Garibali, 20 km südlich von Bento Gonçalves, hat man sich auf Schaumweine spezialisiert. Sie können in Brasilien auch einen hervorragenden Cognac genießen, der preiswerter und keineswegs schlechter als der französische ist.

Insider Tipp

Spätestens wenn die Rechnung kommt, werden Sie bemerken, dass Sie in Brasilien überhaupt für Speisen und Getränke nur die Hälfte von dem ausgeben, was in der kalten Heimat üblich ist.

Spielzeug, Spitzen und naive Malerei

Echte Volkskunst, die noch nicht im Museum zu finden ist, sondern auf den Märkten

Brasilien ist ein junger Staat. Hier zählt der Pioniergeist mehr als Tradition und Tafelsilber. Was man an schönen und interessanten Sachen in Brasilien kaufen und mit nach Hause nehmen kann, sind zumeist Dinge, die eher durch Ursprünglichkeit und Kreativität auffallen als durch handwerkliche Tradition – mit Ausnahme der indianischen Arbeiten. Gut geführte Volkskunstläden wie z. B. *Pé de Boi* in Rio de Janeiro *(Rua Ipiranga 53, Botafogo)* führen auch Indianerkunst, deren Federschmuck sowie Ketten und Körbe. Ein schönes Souvenir, das zu Hause echten Nutzwert besitzt, sind Hängematten, die es in allen Formen und Farben gibt. Achten Sie vor allem darauf, dass sie aus fest geknüpfter Baumwolle sind.

Wer Edel- und Halbedelsteine kaufen möchte, sollte sich sehr gewissenhaft kundig machen. Dem Straßenhändler mit dem garantiert echten Diamanten in der Faust sollten Sie auf keinen Fall trauen. Aber auch Juweliergeschäfte, die sich vornehm geben, sind keineswegs immer reputierlich.

Typisch für den Nordosten: Flaschenbilder aus farbigem Sand

Jede Region Brasiliens hat ihr besonderes Kunsthandwerk. Ob es sich um farbenprächtige naive Malerei handelt, um Blechspielzeug aus alten Konservendosen, um Lehmfiguren von Caboclos, um filigrane Klöppelarbeiten der Landfrauen aus dem Nordosten, um Spitzenstoffe, Holzdrucke, traditionelle Musikinstrumente, Schmuck aus Muscheln, geknüpfte Hängematten oder Lederwaren. Die Kreativität der Künstler erstaunt immer wieder. Noch ist brasilianische Volkskunst in Europa so gut wie unbekannt.

Wie in allen tropischen Ländern gehört Handeln zum Ritual des Einkaufs – zumindest außerhalb der Supermärkte. Dabei geht es weniger um Heller und Pfennig, sondern eher darum, ein Schwätzchen zu halten, einen Witz anzubringen, den Handelspartner ein wenig kennen zu lernen, also den Waren-Geld-Austausch zu »humanisieren«. Lachen ist die beste Verhandlungsbasis. Bloß nicht verbiestert herumfeilschen! Und bitte zählen Sie nach dem abgeschlossenen Handel das Geld nicht nach! Es wäre eine Beleidigung für den Verkäufer, wo man sich doch beim Handel so nahe gekommen ist!

Feste, Events und mehr

König Karneval regiert – aber auch im Rest des Jahres wird gern gefeiert

Kein anderes Volk der Erde ist dem Glück des Augenblicks so zugewandt wie das brasilianische. Ein Grund zum Feiern findet

Glitterkostüm: Karneval in Rio

sich immer: mit ein paar Gläschen Bier, mit brutzelnden Fleischbrocken auf dem Grill und der Gitarre in der Hand. Dann wird gesungen und musiziert, und niemand käme auf die Idee, die Polizei wegen Ruhestörung zu rufen.

Feiertage

1. Januar – *Neujahr;* *Karfreitag/Ostersonntag;* **21. April** – *Tiradentes (Revolutionstag);* **1. Mai** – *Tag der Arbeit;* *Fronleichnam;* **7. Sept.** – *Unabhängigkeitstag;* **12. Okt.** – *Nossa Senhora Aparecida (Fest der Mutter Gottes);* **2. Nov.** – *Allerseelen;* **15. Nov.** – *Ausrufung der Republik;* **25. Dez.** – *Weihnachten*

Feste

Januar

1. Jan. *Schiffsprozession* in Salvador da Bahia: Eine bunt geschmückte Flotte legt beim Mercado Modelo ab und schippert zur Kirche Boa Viagem, um dem Schutzpatron der Fischer und Reisenden zu huldigen. **Insider Tipp** Ende Jan. *Lavagem do Bonfim* in Salvador da Bahia: Die ganze Stadt ist dabei, wenn die weiß gekleideten Mütter der Afrokulte Candomblé, Macumba und Umbanda die Basilika von Bonfim mit Wasser und Parfüm waschen und mit Blumen schmücken.

Februar/März

2. Feb. *Fest der Meeresgöttin Jemanyá:* die Anhänger der Afrokulte ziehen im Festtagsstaat zu den Stränden, besonders von Bahia und Rio. Blumenbeladene Boote fahren hinaus – Macumba-Trommeln, Trance und Taufen im Meer.

1. Märzwoche *Karneval:* im brasilianischen Karneval explodiert die Lebensfreude auf exhibitionistische Art. In Belém und Recife tanzt das Volk auf den Straßen zum Rhythmus des *frevo,* einer schrägen, karibischen Musik. ★ Bahias Straßenkarneval besteht aus einer drei Tage und Nächte dauernden Fete. Wer daran teilnehmen möchte, muss starke Nerven haben und sich auf das leichteste Kostüm beschränken: Badehose und Tennisschuhe. Der ★ Karneval von Rio de Janeiro defiliert in der größten, buntesten, aufregendsten Show der Welt durch das *Sambódromo,* das Stadion speziell für Karnevalshows. Unten vor den Tribünen tanzen die Leute aus den Favelas. Ein ergreifendes Schauspiel, dessen unerfreuliche Begleiterscheinungen (Überfälle usw.) nichts daran ändern, dass der Karneval der schönste Jubel der brasilianischen Seele ist.

März/April

Ostern, *Semana Santa:* im Bergland von Minas Gerais gibt es besonders große Prozessionen, eindrucksvoll vor allem in ★ Ouro Preto.

Juni

Festas Juninas: Die Sonnenwende wird begrüßt – Grund, um mit den Nachbarn bei Bier und Schnaps und dem unvermeidlichen Grill zu feiern. 23. Juni *Bumba meu boi:* Der *boi,* ein Pappmaché-Ochse, kämpft gegen das ganze »Gesinde«. Das ländliche Fest aus dem Nordosten ist ein herrlicher Schabernack.

August

Insider Tipp *Festa do Peão do Boiadeiro* in Barretos: Das 10-tägige Rodeo zählt zu den größten der Welt; mehr als eine Mio. Besucher strömen in das Provinznest 400 km nordwestlich von São Paulo. 400 »Coubois« und Stiere und dreimal so viele Pferde treten zu diversen Disziplinen an. Quartierbuchung: *Tel. 017/328 10 00*

Oktober

Oktoberfest in Blumenau: eine Kopie des Münchner Oktoberfestes, aber immerhin eine gelungene.
Círio de Nazaré in Belém: Tausende Sünder ziehen an einem Tau zur Kirche, um Gelübde abzulegen und Buße zu tun.

Dezember

Weihnachten: Die Brasilianer feiern schlicht im Familienkreis, aber die Kirchen sind mit Krippen geschmückt.
★ *Silvester an der Copacabana:* Bei lauter Popmusik zieht es Millionen an den Strand zum Schwof und zu Macumba-Zeremonien. Kerzen flackern im Sand, Riesenfeuerwerk.

Lavagem do Bonfim in Salvador

Das Wunder einer Bucht

**Luxusstadt und Elendsquartier –
Rio de Janeiro ist immer noch ein Magnet**

Karte in der hinteren Umschlagklappe

Mit der Straßenbahn durch Rio

Bereits einer der ersten europäischen Besucher der Bucht von Rio de Janeiro **[120–121 C–D6]** war so begeistert von der Schönheit des Ortes, dass er ins Logbuch schrieb: »Welch eine Anmut geht von dieser Bucht aus!« Kapitän Tomé de Souza war kein Schwärmer, sondern der Generalgouverneur der ersten Capitanias, ein Bastard aus einem der edelsten Häuser Portugals, der bereits in Asien sein Talent als Feldherr und Staatsmann bewiesen hatte. Seine Aufgabe war es, die Schlupfwinkel französischer Freibeuter auszuräuchern und strategische Punkte zu befestigen, seit die Portugiesen 1500 bei Porto Seguro gelandet waren.

Entdeckt hatten die Portugiesen die Bucht von Rio – oder vielleicht ein Jahr früher, darüber streiten die Historiker. Weil die Entdecker die Guanabara-Bucht für eine riesige Flussmündung hielten, tauften sie sie Rio de Janeiro, Januarfluss. Mit Hilfe der Indianer konnten die Portugiesen verhindern, dass französische Freibeuter den Naturhafen in die Hand bekamen. Doch erst im

Die Christus-Statue auf dem Corcovado wacht über die Stadt

18. Jh. wurde Rio der wichtigste brasilianische Handelsplatz und überflügelte Salvador da Bahia.

Gold aus Minas Gerais und Kaffee aus dem Hochland waren inzwischen wichtiger für die Ausfuhr geworden als der Zucker. Und der Hafen von Rio lag näher an den Gebieten, wo Gold und Kaffee herkamen. Als Napoleon Portugal besetzte und der Lissabonner Hof samt Gesinde nach Brasilien flüchtete, wurde Rio de Janeiro die Hauptstadt »beider Portugal« und nach der Unabhängigkeit die Hauptstadt des Kaiserreichs Brasilien.

Während Europa in Kriegen verblutete, funkelte der »Stern von Rio« wie nie zuvor. Stefan Zweig, der Bestsellerautor der 1930er-Jahre, wählte sich Petrópolis bei Rio als Exil und widmete Brasilien ein hymnisches Buch: »Brasilien –

Rios Laufsteg der Eitelkeiten – die Copacabana

Land der Zukunft«. Die damalige Hauptstadt beschreibt er so: »Ihre Schönheit lässt sich kaum wiedergeben. Denn hier hat die Natur in einmaliger Laune von Verschwendung von den Elementen der landschaftlichen Schönheit alles in einem engen Raum zusammengedrückt, was sie sonst sparsam auf ganze Länder verteilt.«

Die letzten 40 Jahre setzten Rio de Janeiro (im Stadtgebiet 12 Mio. Ew.) arg zu. Armut und Elend haben sich wie Geschwüre aus den sumpfigen Barackenstädten bis weit in die Stadt und selbst bis zur Copacabana hin ausgebreitet. Unfähige und korrupte Politiker haben der Stadt buchstäblich jede Zukunft verbaut. Es ist schon erstaunlich, wie die Menschen diese von der Natur so begnadete Stadt verschandeln und verdrecken. Trotzdem bietet das tropische Rio immer noch ein urban-maritimes Schauspiel, das in keiner anderen Metropole auf der Welt zu finden ist.

SEHENSWERTES

Touristen-Busse *(»CityRio«)* fahren täglich *(8–18 Uhr)* auf drei Routen an den Sehenswürdigkeiten vorbei (Aussteigen immer möglich). Ein 24-Stunden-Ticket kostet ca. 8 Euro – erhältlich in den größeren Hotels oder im Büro von *CityRio, Estrada Rodrigues Caldas 127, Tel. 021/ 445 41 16.*

Wenigstens einen Tag lang sollten Sie sich im alten Zentrum von Rio umsehen. Gute Nerven und offene Augen sind angebracht. Hinter den verschnörkelten Fassaden der Gründerzeit liegen nicht selten Trümmergrundstücke oder Parkplätze, was auf dasselbe hinausläuft. Wie der Seilbahntrip auf den Zuckerhut gehört eine Fahrt mit Rios einziger Straßenbahn zum Stadtbesuch. Mit der Elektrischen zuckeln Sie durch schöne alte Viertel in kühlere Berggefilde. Rings um den Largo Carioca und die Praça 15 de Novembro brodelt das Leben.

Copacabana [0]

★ Auch ein Bummel über die 🏃 Avenida Atlantica gehört zum Rio-Besuch – zumal die Sicherheit sich deutlich erhöht hat. Der »Salon« der Badestadt ist besonders sonntags bevölkert, wenn der Verkehr gesperrt ist. Seit kurzem steht das 1914 fertig gestellte *Forte de Copacabana* (gegenüber vom Sofitel Hotel) Besuchern offen: beeindruckend die Kasematten und enormen Krupp-Kanonen, die nie abgefeuert wurden *(Di–So 10–16 Uhr)*.

Botanischer Garten [0]

insider tipp

Eine Oase der Ruhe in der quirligen Stadt. Hier wächst die Natur so ordentlich und sauber wie auf den naiven Dschungelbildern des Zöllners Rousseau. *Di–So 8–17 Uhr,* *Rua Jardim Botânico 920, Tel. 021/ 22 94 93 49*

Corcovado [0]

★ 🔭 Segnend breitet der Art-déco-Christus seine Arme über die Stadt. Vom 704 m hohen Corcovado genießen Sie ein geradezu göttliches Panorama. »Gott hat die Welt in sieben Tagen erschaffen, aber am achten Tag widmete er sich ganz allein Rio de Janeiro«, sagen die Bewohner der Stadt, die *cariocas,* stolz. Wer je auf dem Corcovado war, der kann das bestätigen. Hinauf gelangen Sie mit einer Zahnradbahn oder über eine Autostraße durch den Bergwald. *Rua Cosme Velho 513, tgl. 9–19 Uhr, Tel. 021/ 25 58 13 29, einfache Fahrt 10 Euro*

MARCO POLO Highlights »Rio de Janeiro«

★ **Zuckerhut**
Über- und Einblick in die Stadt mit Seilbahnfahrt und Erinnerungsfoto (Seite 30)

★ **Corcovado**
Noch ein Blick über die tolle Landschaft von Stadt und Bucht (Seite 29)

★ **Copacabana**
Bummel am größten Stadtstrand der Welt (Seite 29 und 37)

★ **Canecão**
Música popular brasileira – die nationale Bühne der Musikstars mit 1700 Plätzen (Seite 34)

★ **Petrópolis**
Kaiserliches Refugium in den kühlen Bergen oberhalb von Rio (Seite 37)

★ **Floresta da Tijuca**
Mit dem Jeep oder zu Fuß durch die »grüne Hölle« der Metropole (Seite 35)

★ **Paquetá**
Tagesausflug per Schiff in die Bucht und auf eine idyllische Insel (Seite 36)

★ **Parati**
Ausflug in ein schmuckes Kolonialstädtchen an der »Grünen Küste« mit Badevergnügen (Seite 37)

Mosteiro de São Bento [U D1]

Die Kirche des Benediktinerklosters gegenüber der Ilha das Cobras, dem Arsenal der Marine, gilt als eine der schönsten Rios. Sie zählt zu den bedeutendsten Kunstwerken des lusitanisch-brasilianischen Barock. Bevor man 1589 mit dem Bau begann, musste ein Damm durch das Sumpfgebiet gelegt werden. Im Inneren prunken reiche vergoldete Schnitzereien an Wänden und Altären. Ein dunkel-kühler Hort der Stille im Trubel der Stadt. *So um 10 Uhr Messe mit gregorianischem Choral, Besichtigung 14.30 bis 17.30 Uhr, Morro de São Bento*

Insider Tipp

Nossa Senhora da Candelária [U D2]

Bis zum Bau der neuen Kathedrale (1976) war sie die größte Kirche Rios, gebaut aus italienischem Marmor. Heute wirkt sie klein, umgeben von Hochhäusern und umtost vom Verkehr. *Av. Getúlio Vargas*

Nossa Senhora da Glória [O]

In der hübschen Hochzeitskirche ◁▷ oberhalb der Bucht von Flamengo sind die *azulejos,* Fliesenbilder mit biblischen Szenen aus dem 18. Jh. interessant. *P. Nossa Senhora da Glória*

Paço Imperial [U D3]

Das 1743 erbaute Gebäude diente den Gouverneuren als Residenz, bis sich die königliche Familie aus Lissabon auf der Flucht vor Napoleon dort einnistete. Heute finden hier Konzerte und Ausstellungen statt. Davor wird täglich ein Markt für Lederwaren, Schmuck und Kleider abgehalten. *Di–So 12–18.30 Uhr, Praça 15 de Novembro*

Zuckerhut [O]

★ ◁▷ Er ist das Wahrzeichen der Stadt. *Pão de Açúcar* (Zuckerbrot) nennen ihn die Brasilianer. Der Zuckerhut ist ein 394 m hoher Granitblock, der jäh aus den Fluten em-

Betörend schön ist der Blick vom Zuckerhut auch bei Nacht

Großer Onkel

Die Cariocas und der Ernst des Lebens

Die Bewohner von Rio de Janeiro, die *cariocas*, nehmen die Welt einfach nicht ernst, beklagen sich zumindest die *paulistas* (die Bewohner von São Paulo). Bei Kommunalwahlen erlaubten sich ein paar Spaßvögel einmal den Scherz, »Tião«, den »großen Onkel«, für das Rathaus vorzuschlagen. Und prompt erhielt er die dritthöchste Stimmenzahl. Doch es nützte nichts: 1997 starb er hinter Gittern – im Zoo. Denn bei dem »großen Onkel« handelte es sich um einen strammen Schimpansenmann.

porragt und den Eingang der Bucht von Guanabara markiert. Hinauf kommen Sie in zwei Etappen mit der Drahtseilbahn. Besonders schön ist der Blick über die Stadt und die Bucht bei tief stehender Sonne. Nicht selten krönt ein Wölkchen das Wahrzeichen der Stadt. *Tgl. 8–22 Uhr, Teleférico Pão de Açúcar, Tel. 021/25 46 84 00, Hin- und Rückfahrt ca. 20 Euro*

MUSEEN

Museu Chácara do Céu   **[0]**

Insider PP   Auf einer malerischen Anhöhe in Santa Teresa. Privatsammlung moderner Meister. *Mi–So 10–17 Uhr, Rua Murtinho Nobre 93*

Museu Histórico Nacional   **[U F4]**

Reiche Sammlung in kolonial-kaiserlichem Gemäuer. *Di–Fr 10–17, Sa/So 14–18 Uhr, P. Marechal Âncora*

Museu da República   **[0]**

Das Museum im alten Präsidentenpalast Catete aus dem Jahre 1858 zeigt Exponate aus der jüngsten Geschichte Brasiliens. *Di–So 12–17 Uhr, Rua do Catete 153*

Museu Nacional de Belas Artes   **[U D4]**

Ein reicher Fundus der Malerei des 19. Jhs. und einige berühmte Werke der brasilianischen Moderne. Für Kunstfreunde ein Muss. *Di–So 10–17 Uhr, Av. Rio Branco 199*

ESSEN & TRINKEN

Bar Luíz   **[U C4]**   *Insider Tipp*

Bierkenner versichern, dass hier der frischeste Stoff aus den Hähnen läuft. Treffpunkt von Geschäftsleuten, die mittags deftig-deutsch essen wollen. *So geschl., Rua da Carioca 39, Tel. 021/22 62 69 00, €€*

Bella Praia   **[0]**   *Insider Tipp*

Der schönste Biergarten unter dem Äquator liegt an der Praia Vermelha mit Blick auf Zuckerhut und Atlantik. Er nennt sich offiziell *Clube Militar da Praia Vermelha*, aber von einem Militärclub hat das Ganze nun gar nichts. Ein verschwiegener, rio-romantischer Ort, mit Livemusik am Wochenende. Hier können Sie sicher sein, keinem Touristen zu begegnen. *Mo geschl., Praça General Tibúrcio, Urca, Tel. 021/25 41 38 08, www.bellapraia.com.br, €€*

Churrascaria Porção   [0]
Das »fette Schwein« ist in Rio fünf-mal mit gigantischen Grillpalästen vertreten. *Tgl. 11.30–2 Uhr.* Besonders zu empfehlen: *Ipanema, Rua Barão da Torre 218, Tel. 021/ 25 22 09 99, €€*

Confeitaria Colombo   [U C3]
Über die enge Gasse Rua do Ouvi-dor stoßen Sie an der nächsten Ecke auf die schmale Rua Gonçal-ves Dias. Hier befindet sich die Confeitaria Colombo, eine Institu-tion in Rio seit 1894. Die gigan-tischen Spiegel an den Wänden wur-den eigens aus Belgien herange-schafft. Mit einem winzigen Aufzug gelangt man auf die Galerie, um dort bei einer Flasche guten Bohe-mia-Biers (der Hausmarke), brasili-anischen Speisen oder nur bei einer köstlichen Kleinigkeit wie »Romeo und Julia« (Minas-Käse mit Gua-vengelee) von Rios Belle Époque zu träumen. *Sa abends und So geschl., Rua Gonçalves Dias 32–36, Tel. 021/22 32 23 00, €€*

Grottamare   [0]
Fischliebhaber und Freunde italieni-scher Küche sind in Ipanema bes-tens bedient. Nehmen Sie einen Tisch im gemütlichen rückwärtigen Teil. *Mo–Fr 19–1, Sa/So 12–1 Uhr, Rua Gomes Carneiro 132, Tel. 021/ 25 23 15 96, €€*

Le Saint Honoré   [0]
Das beste Restaurant an der Copacabana, in der 37. Etage des Meridien-Hotels. Man spricht Fran-zösisch, die Aussicht ist phantas-tisch, und für das Essen bürgt ein Schüler von Paul Bocuse, nur dass die Portionen größer sind. *Nur abends, So geschl., Av. Atlântica 1020, Tel. 021/38 73 88 80, €€€*

Claude Troisgros   [0]
Der Ableger der französischen Meisterkochdynastie erringt regel-

Die prachtvolle Confeitaria Colombo ist in Rio eine Institution

mäßig die höchste Wertung aller Restaurants in Rio. *Tgl. 12–15.30 und 19.30–1 Uhr; Rua Custodio Serrão 62 (Jardim Botânico), Tel. 021/25 37 85 82,* €€€

EINKAUFEN

Hippiemarkt in Ipanema   [0]

Die Straßen Rios sind voll von Hökern und Händlern, die dem Fremden ihren bunten Plunder aufdrängen. Manchmal ist sogar etwas Originelles darunter. Aber wer etwas Besonderes sucht, findet auf dem Markt in Ipanema sonntags Trödel, Kunstgewerbe und Volkskunst. *So 9–18 Uhr; Praça General Osório*

Juwelier H. Stern   [0]

Hans Stern, der Juwelier aus Essen, wird sich Ihnen bereits im Hotel per Prospekt bekannt gemacht haben. In Rio befindet sich das Zentrum seines Imperiums, und in Ipanema hat er sogar ein veritables Museum für Edelsteine errichtet, wo Sie bei der Verarbeitung der Edelsteine zusehen können. Wer sein Geld in diesen schönen brasilianischen Glitzerdingen anlegen möchte, kann das bei Stern unbedenklich. *Edelsteinmuseum H. Stern, Mo–Fr 8.30–17.30, Sa 8.30 bis 12.30 Uhr; Rua Visconde de Pirajá 490, Tel. 021/22 59 74 42*

ÜBERNACHTEN

Arpoador Inn   [0]

Das einzige Hotel, das nicht durch eine Straße vom Strand getrennt wird, liegt gleich am Anfang von Ipanema. Aber nur bis in die Zimmer zur See hin rauscht die Brandung des Atlantiks – und nur sie sind zu empfehlen. *50 Zi., Rua*

Exotische Fülle auf dem Markt

Francisco Otaviano 177, Tel. 021/25 23 00 60, Fax 25 11 50 94, €€

Caesar Park   [0]

Ohne Zweifel das erste Haus in Ipanema. Mit dem international üblichen Komfort der fünf Sterne und Pool auf dem Dach. *221 Zi., Av. Vieira Souto 460, Tel. 021/25 25 25 25, Fax 25 21 60 00,* €€€

Copacabana Palace   [0]

Hier kann man richtig schön altmodisch residieren wie einst die Passagiere der Zeppeline oder wie vor nicht so langer Zeit Lady Di und Prinz Charles. Nostalgischer Charme und eine distinguierte Atmosphäre prägen das Hotel. *226 Zi., Av. Atlântica 1702, Tel. 021/25 48 70 70, Fax 235 73 30,* €€€

Glória   [0]

Für Nonkonformisten, die plüschigen Komfort lieben und das Urbane schätzen und daher auch auf Strand vor dem Hotel verzichten können. *590 Zi., Flamengo, Rua do Russel 632, Tel. 021/25 55 72 72, Fax 25 55 72 82, €€*

Santa Clara [O]

Das winzige Hotel in Copacabana gilt als Geheimtipp für Künstler, die sich hier mit kleinem Budget einen längeren Aufenthalt leisten können. Nur 24 einfache, aber saubere Zimmer. *Rua Santa Clara 212, Tel. 021/ 22 56 26 90, Fax 22 56 85 90, €*

Hotel Turístico [O]

Mitten im Zentrum, aber trotzdem ruhig gelegenes Budgethotel, angestaubter Kolonialstil, solider Standard. *Ladeira da Glória 30, Tel. 021/ 25 57 76 98, Fax 25 58 93 88, €*

FREIZEIT & SPORT

In und rund um Rio kann man mit Ausnahme von Wintersport so ziemlich jeden nur denkbaren Freizeitsport betreiben. Siehe auch Kapitel »Sport & Aktivitäten«.

Fußball [O]

Maracanã, das größte Fußballstadion der Welt (200 000 Plätze), muss man als Fußballfan einmal erlebt haben! *Estádio do Maracanã, Rua Prof. Enrico Rabelo, Tel. 021/ 22 64 99 62*

Pferderennen [O]

Auf der Rennbahn von Gávea am Wochenende. *Hipódromo, P. Santos Dumont, Tel. 021/22 74 00 55*

Schiffstouren [O]

Ein mit Getränken und Snacks angereicherter Tagesausflug mit einem Schoner aus der Marina da Glória hinaus durch die Bucht von Rio und an der Copacabana vorbei lässt das Gewimmel der Stadt vergessen. *Fahrpreis ca. 20 Euro, Buchung: Saveiro Tour, Tel. 021/ 22 24 69 90*

Segeln [O]

Boote jeder Größe, mit und ohne Besatzung, direkt bei der *Marina da Glória, Tel. 021/22 85 45 58*

Wandern [O]

Im Gebirge, am Meer und, zusammen mit Brasilianern, auch zu wenig bekannten Zielen, z. B. mit den Naturfreunden von »Ar livre«. *Tel. 021/22 08 30 29*

AM ABEND

Diskotheken und Tanzbars gibt es mehr als genug. Vorsicht wegen Gewalttätigkeit (und Aids) ist geboten.

Canecão [O]

★ Größter Musikschuppen Rios – so gut wie jeden Abend findet eine MPB-Show (*Música popular brasileira*) statt. *Ab 21.30 Uhr, Av. V. Brás (Botofago, beim Rio-Sul-Einkaufszentrum), Tel. 021/22 95 30 44*

Emporium 11 [U B5]

Insider Tipp

Unscheinbarer Trödelladen im Altstadtdistrikt Lapa, in dem am Wochenende wunderbare Jam Sessions und Improvisationen brasilianischer Musik aufgeführt werden. Auch Bierausschank. *Rua do Lavradio 100, kein Tel.*

Gafiera Estudantina [U B4]

Traditioneller Tanzschuppen, von der reiferen Jugend bevorzugt – kaum touristisch. *Do–Sa ab 23 Uhr, Praça Tiradentes 79 (Zentrum), Tel. 021/22 32 11 49*

Sambaschulen

Die größten Sambaschulen von Rio laden zu den *ensaios* (Bällen) an den Wochenenden auch Touristen ein. Wo gerade etwas los ist, weiß der Hotelportier am besten.

Insider Tipp

Scala Rio [0]

Showpalast mit Auftritten bekannter brasilianischer Künstler. *Mulatas* bieten eine Tanzshow frei nach den Pariser Folies Bergères. *Tgl. ab 20 Uhr, Av. Afrânio de Melo Franco 296 (Leblon), Tel. 021/22 39 44 48*

AUSKUNFT

Centro Integrado de Atendimento ao Turista [0]

Av. Princesa Isabel 183 (Copacabana), Tel. 021/25 41 75 22

Reisebüro Asan [U D4]

Buchung von Reisen innerhalb Brasiliens, Deutsch- und englischsprachiges Personal. *Av. Treze de Maio 13, Apt. 601, Zentrum Tel 021/ 22 15 44 88, Fax 22 15 44 86, www.asantour.com.br*

Riotur [U D3]

Rua da Assembléia 10, 9. St., Zentrum, Tel. 021/22 17 75 75, Fax 25 31 18 72, www.rio.rj.gov.br/riotur

ZIELE IN DER UMGEBUNG

Armação de Búzios [121 D6]

🏃 Seit Brigitte Bardot den Strand entdeckt hat, tummelt sich hier der Jetset. Schicke Restaurants und Boutiquen, es ist alles da, was Saint Tropez so bietet – plus tropical life, einmalig schöne Strände und Sonnenscheingarantie das ganze Jahr hindurch – selbst wenn das Wetter in Rio schlecht ist. *180 km östlich*

Floresta da Tijuca [120 C6]

★ 〰 New York hat seinen Central Park, London seinen Hyde Park, Rio jedoch den größten Stadtpark der Welt, den Tijuca-Nationalpark: Wasserfälle, Granitberge, üppig wuchernder Regenwald – der Inbegriff all dessen, was Europäer unter tropischer Vegetation verstehen. Auf 500 m Höhe ist es immer einige Grade kühler als an der Küste. Der Park ist gut mit Wanderwegen erschlossen. *Tgl. 6–21 Uhr, Eingang und Verwaltung: P. Antônio Vizeu (Alto da Boa Vista), Tel. 021/ 22 74 86 48. 20 km*

Ilha Grande [123 F2]

Insider Tipp

Schatz- und Sklaveninsel war das gebirgige Dschungeleiland (200 km²) dicht unter der »Grünen Küste« und halbwegs zwischen Rio de Janeiro und Santos gelegen. Und dann eine Strafkolonie – bis 1994. Die dunkle Vergangenheit hat heute ihr Gutes: Die »Große Insel« ist von der »Zivilisation« verschont geblieben. Auf ihr leben heute über die 106 Strände und Buchten verteilt nur knapp 8000 Menschen, Fischer zumeist, die ihre Hütten mit dem Boot ansteuern – Autos kennt man hier nicht. Zwei Dutzend Dschungelpfade (alle Schwierigkeitsgrade, 1–8 Stunden Trekking) schlängeln sich durch die bergige Insel an unberührte Strände. Wer will, kann auch ein wenig Nightlife genießen: im Hafen *Vila Abraão*, durch den jeder kommt, und wo die meisten Pousadas und Hotels liegen. Dort bucht man auch Tauchkurse, Schonertouren, Dschungeltrips.

Die Ilha Grande wird täglich aus Angra dos Reis (10 Uhr) und Mangaratiba (17.15 Uhr) angesteuert, die bezaubernde Fahrt mit der Fähre (2 Euro) durch die tropische Fjordlandschaft dauert 90 Minuten. Gruppen von mehr als 10 Personen können am Hafen auch ein Wassertaxi buchen (pro Person ca. 10 Euro). Zurück geht es am gleichen Tag gegen 13 bzw. 15 Uhr. Man sollte einen Aufenthalt von mindestens drei Tagen einkalkulieren. Eine typische Pousada ist *Solar da Praia* in Vila Abraão *(Tel. 024/33 61 51 66, www.solarpraia.com.br, €€)*.

Niterói   [121 D6]

Die Stadt auf der anderen Seite der Bucht ist duch die fast 14 km lange Ponte Presidente Costa e Sliva mit Rio verbunden. Einen Besuch wert ist das von Oscar Niemeyer errichtete *Museo de Arte Contemporânea*, das wie eine fliegende Untertasse auf dem Mirante de Boa Viagem an Niteróis Stadtstrand lagert. Ein starkes Stück Architektur, in dem Wechselausstellungen zu moderner Kunst gezeigt werden *(Di bis So 11–18 Uhr, www.macnit.com.br).*

Paquetá   [121 D6]

★ 〰 Schippern Sie mit dem alten Fährboot, das Sie in etwas mehr als einer Stunde auf die »Insel der Verliebten« bringt – zurück können Sie das schnellere *Aerobarco* (Tragflächenboot; 20 Min.) nehmen. Das Schiff gleitet am Marinearsenal und der Zollinsel vorbei, in der Bucht liegen Ozeandampfer auf Reede. Paquetá ist Balsam für gestresste Seelen. Kein Auto, kein Motorrad, kein Bus – nur Pferdekutschen und Fahrräder sind auf der verträumten Insel zugelassen. Wer will, kann hier wohnen und tagsüber ins lärmende Rio schippern. Eine Handvoll Pensionen bieten allerdings nur einfache Zimmer. Ansonsten gibt es alles Notwendige (Post, Kneipen, Geschäfte, Kirche, Krankenhaus). Nur der Strand ist verdreckt. *Fähre Paquetá ab Praça 15 de Novembro, Pier 1, tgl. etwa 2-stündlich (5.30 bis 23 Uhr, letztes Boot), Fahrpreis 1 Euro; Aerobarco (Transtur), ab Praça 15 de Novembro, Extrapier,*

Auf Paquetá, der »Insel der Verliebten«, dem Lärm von Rio entfliehen

Mo–Fr etwa 2-stündlich (10–16 Uhr), Sa/So stündlich (8–17 Uhr), Fahrpreis ca. 5 Euro

Parati　　　　　　[120 C6]

★ Koloniales Kleinod an der Küste. Früher war die kleine Hafenstadt das Ziel der Maultierkarawanen mit dem Gold aus Minas Gerais: Vom Handel fiel für Parati so viel ab, dass sich noch heute prächtige Paläste und Kirchen im Wasser der Bucht spiegeln. Statt der Maultiere bringen jetzt die Touristen das Geld. Außerhalb der Saison (Januar–April) ist Parati ein stilles, idyllisches Städtchen mit viel Atmosphäre. Von dort aus können Sie herrliche Bootsfahrten und Segeltörns in die pelagische Welt der »Grünen Küste« unternehmen. Gut zum Ausspannen unter Palmen und im Schatten alter Gemäuer. *240 km westlich*

Petrópolis　　　　[121 D6]

★ In den kühlen Höhen zog sich im heißen Sommer einst der kaiserliche Hofstaat zurück. Geblieben sind das Schloss , die schönen Parks und das gepflegte Ambiente einer Residenzstadt. Der Ausflug lohnt sich wegen der schönen ☀ Ausblicke auf der kurvenreichen Fahrt durch die *Serra dos Orgãos*. Die Gipfel des »Orgelpfeifengebirges« sind über 2000 m hoch. *65 km nördlich*

Strände　　　[120–121 C–D 6]

Die Perlenkette dieser Badeparadiese reicht von Leme (Copacabana) bis Leblon (Ipanema) und weiter bis Grumari – alle zusammen rund 30 km Strand innerhalb des weiteren Stadtgebiets. Zählt man Niterói auf der anderen Seite der Bucht hinzu, kommt man auf das Doppelte.

Das Girl from Ipanema beim Sport

Die ★ 🏃 *Copacabana* ist der bekannteste und belebteste Strandabschnitt, dessen Name in der ganzen Welt Klang hat. Hier tummeln sich die armen Schlucker wie die unbekannten Reichen. Beim Gang durch diese menschliche Möwenkolonie sollte man jedoch alle Pretiosen zu Hause lassen. *Ipanema* ist die vornehmere Schwester von Copacabana – aber gelegentlich tragen diese beiden stadtnahen Strände schon ein strenges Parfüm – die Wasserqualität lässt zu wünschen übrig, die Sicherheit auch. *São Conrado* gilt als exklusiv, hat aber die Favela Rocinha im Rücken. Die *Barra da Tijuca* ist der längste Strand von Rio. Je weiter Sie hinausfahren, desto klarer wird das Wasser, desto reiner der Sand. Der *Recreio dos Bandeirantes* ist ein populärer Badetreff, aber leider etwas verdreckt. Noch weiter raus liegt 🏃 *Grumari* – dort beginnt unberührte Natur.

Insider Tipp

Auf Spurensuche in der Megalopolis

Fachwerk, Rinderherden und Industrieimperien – Kontraste kennzeichnen den tiefen Süden

Die richtige Einstimmung auf São Paulo gewinnen Sie beim Anflug aus Rio de Janeiro. Wie eine Riesenpizza aus Beton und Asphalt dehnt sich die größte Metropole des Subkontinents aus. In diesem Großstadtdschungel leben und arbeiten 20 Mio. Paulistas. Aber São Paulo ist ein gut organisiertes Chaos: Hier schreit keiner, niemand drängt sich Ihnen auf. Man geht leise miteinander um, reiht sich ein und stellt sich an. Die Männer tragen Anzüge in gedeckten Farben. Die Taxis haben ihre Taxameter, die Metro hält ihren Fahrplan ein – für brasilianische Verhältnisse geht es wie in Hamburg zu: korrekt, aber etwas steif.

Arbeit und Brot – deshalb ziehen die Menschen in die Stadt. Selbst in den schlimmen Baracken, eine halbe Tagesreise vom Zentrum entfernt, hoffen sie ein besseres Leben zu finden. Im Umfeld von São Paulo werden rund 65 Prozent des industriellen Umsatzes von Brasilien erarbeitet und 50 Prozent der Energie verbraucht. Fabriken der Schwerindustrie und des Fahrzeugbaus, Stahlschmieden und Textil-

Regenbogen über dem gischtenden Wasser der Fälle von Iguaçu

Ein Gaucho – wettergegerbt

kombinate, Chemiekonzerne und Papiermühlen, Banken und Versicherungen – sie alle sind in und um São Paulo so zahlreich vertreten wie in allen übrigen brasilianischen Bundesstaaten zusammen.

BLUMENAU

[123 D3] Teutonisch gibt sich Blumenau (260 000 Ew.). Für die Brasilianer ein Stück Exotik im eigenen Land, für deutsche Besucher eine Kopie ihrer Heimat, wie sie früher war, unter tropischem Himmel. Die Gründungsväter dieser Stadt kamen aus Pommern, unter der Führung des Braunschweiger Apothekers Dr. Hermann Blumenau. Mehrere Generationen mussten sich durchbeißen. Aber fast jeder von ihnen hatte sein Handwerk mitgebracht, und mit Hartnäckigkeit plus Ausdauer setzten sie sich am Ufer des Itajaí fest. Heute ist Blumenau wahrscheinlich eine der wohlhabendsten Gemeinden Brasiliens. Im Schatten der größten Textilkonzerne Lateinamerikas gedeihen unzählige Zulieferbetriebe. Hinzu kamen Elektronikfirmen, Sojamühlen und Hühnerfarmen. Deutsch wird nur noch im Familienkreis gesprochen. Aber die Stadtväter nutzen geschickt die Seppelhosen-Tradition für touristische Zwecke. Zum Oktoberfest, dem größten nach dem Münchner, steht in Blumenau alles Kopf.

ESSEN & TRINKEN

Abendbrothaus
Was drauf steht, ist nicht drin: Es müsste Mittagsbrothaus heißen, denn hier kann man nur zu Mittag essen. Dafür bekommt der deutsche Magen hier alles, was er braucht, und billig ist es auch. *Rua Henrique Conrad 1194, Mo und Sa geschl., Tel. 047/378 11 57,* €

Frohsinn
Ein kleiner Spaziergang hoch zum Morro do Aipim führt in das Ausflugslokal im Schwarzwaldlook, von dessen Terrasse Sie bei Bockwurst und Bier einen schönen Blick auf die Stadt und die Itajaí-Schleife genießen. *So geschl., Tel. 047/322 21 37,* €€

Caféhaus Glória
Insider Tipp Buttercrèmetorten im Stil der 1950er-Jahre. Trinken Sie in aller Ruhe einen *café colonial* (Kaffee, Tee und eine Auswahl von Toast und Gebäck). *Rua 7 de Setembro 954, Tel. 047/322 69 42,* €€

EINKAUFEN

Schokolade und Konfitüre, Textilien, Porzellan, Kristall und Bierkrüge locken die Brasilianer zum Kauf. Europäische Touristen werden sich wohl für andere Mitbringsel entscheiden. Doch vielleicht findet sich ein Design, das daheim seit Jahren nicht mehr hergestellt wird …

ÜBERNACHTEN

Himmelblau Palace
Gutbürgerlich. *125 Zi., Rua 7 de Setembro 1415, Tel. 0800/47 05 80, www.himmelblau.com.br,* €€

Hotel Plaza Blumenau
Erstes Haus am Platz. *131 Zi., Rua 7 de Setembro/Rua Caetano Deeke, Tel. 047/231 70 00, Fax 231 70 01, www.plazahoteis.com.br,* €€€

CURITIBA

[123 D2] Die Hauptstadt (1,58 Mio. Ew.) des Bundesstaates Paraná gleicht einer kleinen Schwester von São Paulo. Curitiba wurde zur Musterstadt Brasiliens, die mit Geschäften, Parks, Trolleys und Passagen frappierend an europäische Großstädte erinnert. Das raue Klima (viel Regen) gehört dazu. Namen wie Müller, Hecker, Jankowsky oder Todeschini an den Ladentüren sagen genug über die Herkunft der Bewohner. Einwanderer aus Deutschland, Polen, Italien und der Ukraine fanden im 18. und 19. Jh. in der damals abgelegenen Provinz eine neue Heimat. Landwirtschaftliche Familienbetriebe und mittelständische Unternehmen bilden noch heute die Basis für Wohlstand.

SEHENSWERTES

Avenida Luíz Xavier

Die älteste Fußgängerpassage Lateinamerikas verbindet die Praça General Osório mit dem Passeio Público; sie ist der Treffpunkt von Alt und Jung mit zahlreichen Cafés und Pinten. Nicht weit ab liegt der ✗ *Largo da Ordem*, ein Straßenzug mit Kopfsteinpflaster, altmodischen Gaslaternen und einer Reihe gemütlicher Lokale.

MUSEEN

Museu Paranaense

Heimatmuseum am »Blumenmarkt«. *Mo–Sa 9.30–17.30 Uhr, P. Generoso Marques*

Museu da Imigração Polonesa

Einwanderermuseum in echt polnischen Holzbauten. *Rua Wellington Oliveira Viana (Centro Civico), Bosque João Paulo II, tgl. 6–20 Uhr*

ESSEN & TRINKEN

Boulevard

★ Küchenchef Celso Figueiredo pflegt die französische Traditionsküche, er bekam dafür die höchsten Auszeichnungen. *R. Voluntários da Pátria 539, Zentrum, So geschl., Tel. 041/224 82 44, €€€*

Cascatinha

Gute italienische und brasilianische Küche. Hübsche Lage im Park. *So abend geschl., Av. Manoel Ribas 4455 (Santa Felicidade), Tel. 041/335 12 14, €€*

Durski

Schon mal Piroggen, Borschtsch oder Holopti probiert? Die ganz Bandbreite der polnischen und ukrainischen Immigrantenküche lässt sich hier durchprobieren, und es ist gar nicht mal teuer. *Werktags nur abends, Rua Jaime Reis 254, Zentrum, Tel. 041/225 78 93, €*

MARCO POLO Highlights
»São Paulo und der Süden«

★ **Edifício Itália**
Aus der Vogelperspektive den Betondschungel bestaunen (Seite 46)

★ **Boulevard**
Keine Prachtstraße, sondern der Gourmettempel von Curutiba (Seite 41)

★ **MASP**
Das größte Kunstmuseum Brasiliens anschauen und dann über die Avenida Paulista schlendern (Seite 47)

★ **Santos**
Durch die alte Kaffeestadt und über die Strandpromenade bummeln (Seite 49)

★ **Zugfahrt nach Paranaguá**
Mit der Eisenbahn von Curitiba durch die Küstenkordillere und hinunter zum Atlantik (Seite 43)

★ **Iguaçu**
Das Schauspiel der weltweit größten Wasserfälle genießen (Seite 42)

Schwarzwald

Die urige »Hütte« liegt versteckt mitten im historischen Zentrum und wartet mit sagenhaften Jumbo-Bratwürsten auf. Dazu gibt es leckeres dunkles Bier vom Fass. *Nur abends, So auch mittags, Largo da Ordem 63, Tel. 041/223 25 85, €€*

Feira de Artesanato Popular

Antiquitäten und Kunstgewerbe. *Praça Rui Barbosa, tagsüber am Mi und Sa, So auf der Praça Garibaldi*

Bourbon & Tower

Zentrales Großstadthotel. *167 Zi., Rua Cândido Lopes 102, Tel. 041/322 40 01, Fax 32 22 82, www.bourbon.com.br, €€€*

Doral Torres

Budgethotel für Nichtraucher mit 127 Appartements im Zentrum. *Rua Mariano Torres 951, Tel. 011/362 24 24, Fax 264 79 29, www.hoteldoral.com.br, €*

Roochelle Park

Im Zentrum. *73 Zi., R. Tibagi 307, Tel. 041/322 89 89, Fax 224 10 18, www.roochelle.com.br, €€*

Flaniermeile ist die *Rua 24 Horas* mit rund um die Uhr geöffneten Kneipen, Restaurants, Lebensmittel- und Buchläden. In vielen Lokalen um die Fußgängerzone wird live aufgespielt. Mit seiner Bühne für Kleinkunst, Chansons, Jazz und Tango ist das *Habeas Corpus (tgl. ab 20 Uhr, Rua Dr. Muricy 847)* ein netter Treffpunkt. 🏃 Das rund 10 km außerhalb des Zentrums gelegene <mark>Viertel Santa Felicidade</mark> *Inside Tipp* lohnt einen Abstecher wegen seiner Cantinas und Churrascarias.

Rua da Gloria 362, Tel. 041/200 15 16, www.guiacuritiba.com.br

Wasserfälle von Iguaçu [122 B2]

★ 🌿 Wie Smaragde glänzen die nassen Basaltblöcke im mattgrünen Moos. Falter gaukeln durch die Luft. Baumfarne spannen ihre Schirme auf. Lianen schmiegen sich an die Stämme der Trompetenbäume. Plötzlich hebt sich der Pflanzenvorhang, und mit einem Paukenschlag sprengt eine weiße Lawine aus dem Himmel herab und poltert gurgelnd in eine Tiefe, deren Grund nicht auszumachen ist, denn dichte Wolken wabern von unten. Das Wasser schäumt. Seine Brachialgewalt scheint die Luft zu zerfetzen, die Erde zu erschüttern. Mit Gebrüll stürmen 1750 m^3 Wasser pro Sekunde über 60 m hohe und mehrere Kilometer lange Klippen.

Leichtes Regenzeug ist für den, der im Labyrinth der Wasserfälle herumstreifen möchte, um die Wollaffen, Agutis, Tukane und Papageien zu beobachten, nützlich. Lassen Sie sich ruhig zwei, drei Tage Zeit für den Besuch der Fälle und der beiden Nationalparks.

Im *Hotel Cataratas Eco Resort (200 Zi., Rodovia das Cataratas, km 28, Tel. 045/521 70 00, Fax 522 17 17, Reservierung (gebührenfrei): 0800/15 00 06, www.tropicalhotel.com.br, €€€)* wohnt es sich am schönsten. Die Promenade am Ufer des Rio Iguaçu mit dem Blick auf die Fälle liegt vor der Tür.

Die Wasserfälle von oben anzuschauen ist ein Spektakel, aber noch viel aufregender ist es, in einem Schlauchboot in die brodelnde Hölle unterhalb der Kaskaden vorzudringen. *Macuco Safari (Tel. 045/574 42 44, Fax 574 47 17, www.macucosafari.com.br)* ermöglicht das für ca. 30 Euro pro Person.

Das künstliche Gegenstück zu den Wasserfällen ist der Staudamm von Itaipú mit dem größten Wasserkraftwerk der Welt, das seit Mitte der 1980er-Jahre in Betrieb ist. Es liegt nur 30 km weiter nördlich und kann von Gruppen besichtigt werden. In *Ciudad del Este* (früher: Puerto Presidente Stroessner) blüht der Höker mit zollfreier Ware, in den Spielkasinos rollt der Rubel.

Wollen Sie nicht über Land reisen, sondern die Wasserfälle von Iguaçu von São Paulo oder Rio de Janeiro aus besuchen, können Sie von dort nach Foz do Iguaçu fliegen.

Zugfahrt nach Paranaguá [123 D3]

★ Der Zug fährt erst durch polnische Dörfer, dann in Spitzkehren und über Schwindel erregende Viadukte durch die Küstenkordillere hinab an den Atlantik und in die Hafenstadt Paranaguá (110 000 Ew.). Die rund dreistündige Fahrt bietet hinreißende Ausblicke und ist den Nervenkitzel wert. Sie sollten aber auf halber Strecke im hübschen Kolonialnest *Morretes* aussteigen. *Abfahrt gegen 8 Uhr, Rückkehr per Bus am selben Tag möglich, hin und zurück ca. 10 Euro, Reservierung (5 Tage im Voraus): Tel. 041/323 40 07*

PORTO ALEGRE

[122 C4–5] Porto Alegre (1,3 Mio. Ew.) muss einmal sehr schön gewesen sein. Den Autos zuliebe aber geriet ein Stück gutbürgerlicher Stadtkultur unter die Hacke. Geblieben sind ein paar Paläste aus der Grün-

Abenteuertrip mit dem Zug von Curitiba nach Paranaguá

derzeit, ein schmuckes Theater, schattige Plätze unter Palmen und der *Parque Farroupilha.* Porto Alegre ist das Herz und Hirn des südlichsten Bundesstaats Rio Grande do Sul und Heimat der Gauchos, die die Rinderherden der Pampas hüten.

SEHENSWERTES

Altstadt
Die alte Stadt steigt malerisch von Hafen und Rio Guaíba den Berg hinauf. Um die Kathedrale, das Landesparlament, das Theater São Pedro und den Mercado Público spüren Sie noch die Atmosphäre jener Zeit, als Porto Alegre ein wichtiger Hafen an der Atlantikküste war.

Rio Guaiba
Einstündige Bootsfahrt ab dem Doca Turística mit einem ☀ schönen Blick auf die Stadt von der Flussmündung und der Lagune aus. *Abfahrten abhängig von der Teilnehmerzahl, deshalb vorher anrufen: Barco Cisne Branco, Tel. 051/221 76 62*

MUSEUM

Museu de Ciência e Technologia
Inside Tipp

Das einzige Wissenschaftsmuseum (600 Experimentiermodelle) Brasiliens mit Planetarium steht auf dem Campus der katholischen Universität PUC. *Di–So 9–17 Uhr, Eintritt 5 Euro, Av. Ipiranga 6681*

ESSEN & TRINKEN

Barranco
Inside Tipp

Traditionslokal, Spezialitäten: überbackenes Schweinesteak, Lamm, *Picanha* (Rinderlende). *R. Miguel Tostes 424, Tel. 051/33 30 00 71,* €

Portoalegrense
Churrasco-Restaurant mit lokalem Touch und hausgemachter Bratwurst. *So geschl., Av. Pará 913, Tel. 051/33 43 27 67,* €

EINKAUFEN

Um Ledersachen zu kaufen sind Sie in Porto Alegre, einem Zentrum der

Mit Denkmälern bestückt: die Praça Marechal Deodoro in Porto Alegre

Textil- und Lederindustrie, gold-richtig. Witzig: Stulpenstiefel aus weichem Leder, Pumphosen *(bom-bachas)*, Wämser; dazu breite Gür-tel, verwegene Hüte, silberne Dol-che Matetee; für die Damen bunte Zigeunerröcke und Ledertaschen. Zahlreiche Läden am Mercado Pú-blico. *Praça 15 de Novembro* und in der *Av. Júlio de Castilhos 144*

ÜBERNACHTEN

Center Park
In ruhiger Wohngegend und kom-fortabel. *48 Zi., Rua Cel. Frederico Link 25, Tel. 051/311 53 88, Fax 311 53 20,* €€€

Duque Center
Sauberes Budgethotel im Zentrum. *56 Zi., Rua Duque de Caxias 1705, Tel./Fax 051/32 28 23 66,* €

FREIZEIT & SPORT

Segeln auf der »Enten«-Lagune, die sich über 200 km bis fast an die Grenze von Uruguay erstreckt, ist hier das Hobby. Über Reisebüros buchen oder beim Yachtclub Marin-ha anfragen. *Av. Borges de Medei-ros, Tel. 051/233 31 34*

AM ABEND

Warum nicht mal ins Kammerkon-zert im Theater São Pedro? Oder in eine Folkloreshow? Natürlich gibt's auch Diskos und schummrige Bars.

AUSKUNFT

Serviço de Atençao ao Turista
Rua Vasco da Gama 253, Tel. (ge-bührenfrei) 0800/51 76 86, www. portoalegre.rs.gov.br

SÃO PAULO

[123 E2] Mönche zogen als erste in das Hochtal des Paraíba und grün-deten 1554 eine Missionsstation. In deren Schlepptau folgten Abenteu-rer, *bandeirantes* (Fähnleinschwen-ker), weniger an der Missionierung als an der Versklavung der Indianer interessiert. Langsam wuchs aus dem Provinznest ein Marktflecken. Zu den Händlern gesellten sich eu-ropäische Handwerker und libane-sische Kaufleute. 1908 erhält São Paulo seine erste gepflasterte Stra-ße, 1922 die erste Universität Brasi-liens. In den 1950er-Jahren überflü-gelt es Rio an Größe.

São Paulo ist ein Konglomerat von 38 Gemeinden und vielen Kul-turen – eine wahre Megalopolis. Im Viertel Liberdade leben rund 200 000 Japaner – die größte Ge-meinde außerhalb Japans. Die Kore-aner beherrschen den Gemüsehan-del, die Deutschen gründeten Brau-ereien und Metzgereien und errich-teten ihre Villen in Santo Amaro. Zwischen Vila Guilherme und Vila Mariana leben die Portugiesen, in der Bixiga die Italiener. Trotz seiner kosmopolitischen Vielfalt ist São Paulo im Grunde eine Provinzstadt geblieben, in der hart gearbeitet wird. Der Feierabend beschränkt sich hier auf ein gutes Essen. Wenn man dabei auch noch über das Ge-schäft reden kann – um so besser!

SEHENSWERTES

Altes Stadtzentrum
Die *Casa de Anchieta,* ein un-scheinbares Kolonialhaus zwischen Hochhäusern am Pátio do Colégio, ist das älteste Stück Architektur von

São Paulo und doch nur ein Nachbau auf historischen Resten. Die Casa birgt ein historisches Museum und ein Stadtmodell aus kolonialer Zeit *(Di–So 9–17 Uhr)*. Gleich nebenan liegt die Praça da Sé mit der neogotischen Kathedrale und einer gigantischen Metrostation unter dem Pflaster. Von der Praça führt eine Fußgängerzone (Vorsicht: Taschendiebe!) durch die Schluchten des alten Bankenviertels, über die »Teebrücke« *(Viaduto do Chá)*, die ein ehemaliges Flusstal kreuzt, am sehenswerten *Stadttheater* vorbei bis zur *Praça da República*. Von dort ist es ein Katzensprung zum ★ 🔆 *Edifício Itália*, einem der höchsten Gebäude der Stadt. Der Blick von seiner Spitze ist selbst bei Smog eindrucksvoll. Die Aussicht kann mit kulinarischem Genuss kombiniert werden: Ein Restaurant und ein Café *(Terraço Itália)* gibt es im 41. Stock. Die Preise entsprechen den Höhenmetern *(Verzehrzwang)*.

Botanischer Garten

In Água Funda, in unmittelbarer Nähe des Zoos (siehe »Mit Kindern reisen«), liegt der Jardim Botánico, der neben der größten botanischen Vielfalt Lateinamerikas auch über ein Stück echten Dschungels verfügt. *Mi–So 9–17 Uhr, Eintritt frei, Av. Miguel Estéfano 3031*

Butantan

Das älteste Zentrum für Schlangenpharmakologie hütet 80 000 Nattern, Vipern und Ottern und ist ein Molkereibetrieb besonderer Art: Die Schlangen müssen ihr Gift in Reagenzgläser drücken, das Pferden eingeimpft wird, um Schlangenserum zu gewinnen. Aus sicherer Distanz darf man zusehen. Ein naturkundliches Museum erläutert die Arbeit und zeigt Horrorbilder von Schlangenbissen. *Di–So 9–17 Uhr, Av. Vital Brasil 1500, bei der Cidade Universitária, mit dem Bus zu erreichen, Tel. 011 / 38 13 72 22*

São Paulo, das »New York Lateinamerikas«

Neues Stadtzentrum

Die *Avenida Paulista* ist der »Broadway von São Paulo«. Wo heute Bankpaläste aufragen, standen vor wenigen Jahrzehnten die herrschaftlichen Villen der Kaffeebarone inmitten von Bananenhainen. In den benachbarten Alamedas, den Alleen, die zu den exklusiven Villenvierteln Jardim Europa und Jardim América führen, finden sich die elegantesten Geschäfte und Boutiquen. Westlich davon entwickelt sich die *Avenida Brigadeiro Faria Lima* zu einem weiteren supermodernen Stadtzentrum. Über die Avenida Juscelino Kubitschek (Taxi!) gelangt man in die einzige grüne Lunge des Zentrums, den *Ibirapuera-Park* mit dem Planetarium und dem Museum für Fliegerei sowie dem Pavillon der Biennale-Kunstmesse mit dem Museum für Gegenwartskunst (MAM).

MUSEEN

Vom Bahnhof Barra Funda verkehrt Di–So um 10, 12 und 14 Uhr ein *Kulturbus* mit spanisch/englischer Führung zu den hier angeführten Museen *(Tel. 011/31 06 99 33).*

Memorial da América Latina

Oscar Niemeyer, der »Staatsbaumeister«, der Brasília entwarf, hat auch in São Paulo ein großes Betonwerk hinterlassen. Das gigantische Kongresszentrum (1989) steht etwas verloren im Raum. Lohnend die Ausstellung lateinamerikanischer Volkskunst. *Di–So 9–18 Uhr, Av. Auro Soares de Moura Andrade 664, Metro Barra Funda*

Museu de Arte de São Paulo

★ Das größte Kunstmuseum Lateinamerikas, MASP, liegt an einem hübschen kleinen Park. Es beherbergt eine reiche Kollektion europäischer und brasilianischer Werke der Neuzeit. Theater im Souterrain. Unter der frei schwebenden Konstruktion findet sonntags ein Flohmarkt statt. *Di–Mi und Fr–So 11 bis 18, Do 11–20 Uhr, Av. Paulista 1578*

Museu Paulista

Das Museo Paulista, auch Museu do Ipiranga genannt, bietet einen enormen Fundus (Möbel, Kleider, Kunst) aus den Kinderjahren des Kaiserreiches und der Republik; es liegt inmitten des Parque da Independência, an der Stelle, wo sich Prinzregent Pedro 1822 vom Vater(-land) los sagte und das unabhängige Brasilien ausrief. *Tgl. 9 bis 16.45 Uhr, Eintritt frei*

Pinacoteca do Estado

Insider Tipp

Die staatliche Pinakothek bietet mit ihren 4000 exzellenten Gemälden und Plastiken das wohl umfassendste Spektrum der Kunst des 19. und frühen 20. Jhs. *Di–So 10–18 Uhr, Eintritt frei, Praça da Luz, Zentrum*

ESSEN & TRINKEN

Bassi

Churrasco-Grill, dessen Rindersteaks selbst verwöhnte Argentinier entzückt. Mittags meist voller Geschäftsleute. *Kein Ruhetag, Rua 13 de Maio (Bela Vista), Tel. 011/ 31 04 23 75, €€€*

La Casserole

Eines der letzten guten Restaurants im alten Zentrum, direkt am Blumenmarkt. Französische Küche. Alte Kellner, alte Weine. *Sa nur abends, Mo geschl., Largo do Arouche 346, Tel. 011/220 62 83, €€€*

Im Finanzzentrum – hier ist Brasilien nüchtern und geschäftstüchtig

Fasano

Schickeriatempel. Raffinierte italienische Küche, ausgezeichnete Weine, hohe Preise. Reservierung! *So nur mittags, Rua Haddock Lobo 1644, Tel. 011/852 40 00, €€€*

Sushi Yassu

Gemütliche Sushitheke im Japanerviertel Liberdade. Natürlich gibt es auch Gebratenes und Gekochtes. *Mo geschl., R. Thomás Gonzaga 98, Tel. 011/32 09 66 22, €*

I Vitelloni

Kleine Cantina in Pinheiros mit guter Küche. Tolle Pizza mit frischen Kräutern. *Nur abends (ab 18 Uhr), R. Alvares Penteado 31, Tel. 011/ 38 13 15 88, €*

EINKAUFEN

In den großen Einkaufszentren gibt es alles: modische Textilien, Lederjacken, die berühmten Halbedelsteine Brasiliens, ausgefallener Goldschmuck. Große Auswahl im *Shopping Center Eldorado (Av. Rebouças 3970)* oder *Shopping Center Iguatemi (Av. Brig. Faria Lima 1991)*.

ÜBERNACHTEN

Comfort Hotel Paulista

Zentral an der Avenida Paulista, nur 5 Min. vom Museu de Arte, Pool auf dem Dach, freundlicher Service. *116 Zi., Al. Casa Branca 363, Tel. 011/283 00 66, Fax 283 01 81, www.choicehotels.com, €€*

Formule 1

Die französische Budget-Hotelkette ist auch in São Paulo vertreten, ganz zentral im Viertel Paraíso. *300 Zi., Rua Vergueiro 1571, Tel. 011/ 50 85 56 99, www.accor.com.br, €*

Gran Corona

Mittelklassehotel mit Komfort nahe Praça República. *84 Zi., R. Basílio da Gama 101, Tel. 011/32 14 00 43, Fax 32 14 45 03, www.grancorona. com.br, €€*

L'Hotel

Kleines Hotel, das durch sein elegantes Interieur und seinen exzellenten Service besticht. *83 Zi., Alameda Campinas 266, Tel. gratis 0800/ 13 00 80, Fax 011/283 05 00, www.lhotel.com.br, €€€*

FREIZEIT & SPORT

Frühaufsteher und Jogger treffen sich im 🏃 *Ibirapuera-Park*, das sportliche Leben spielt sich in Clubs ab, in die man nur auf Empfehlung kommt. Am Wochenende zieht São Paulo 100 km weiter und knapp 800 m tiefer an den Strand. Bei Sport und Spiel mit Kind und Kegel wirkt die Küste bei *Santos* wie eine menschliche Vogelkolonie.

Estádio do Morumbi

🏃 Das zweitgrößte Fußballstadion Brasiliens mit Platzfür 150 000 Fans. *Av. Giovanni Gronchi, Tel. 011/814 33 77*

Hipódromo

Der Jockey-Club veranstaltet Pferderennen; eine gute Gelegenheit, den Geldadel Brasiliens und die edlen Pferde brasilianischer Zucht kennen zu lernen. *Hipódromo de Cidade Jardim, Av. Lineu de Paula Machado 1263, Tel. 011/211 40 11*

AM ABEND

Insider PP Ein Bummel durch das alte 🏃 italienische Viertel Bixiga ist der beste Ausklang eines hektischen Tages. Viele kleine Cafés und Pinten locken zudem mit MPB – *Música popular brasileira*. Die Kino- und Theaterlandschaft ist die reichhaltigste Südamerikas. Nur hier werden regelmäßig Klassikkonzerte gegeben.

Centro Cultural São Paulo

Modernes Kulturzentrum. *Rua Vergueiro 1000, Tel. 011/277 36 11*

Estação Júlio Prestes

Der alte Bahnhof im Viertel Luz wurde zu einer prächtigen Fest-

und Konzerthalle umgebaut. Wer will, kann die Architektur auch ohne Musik bewundern. *Führungen Mo–Fr 12.30 und 16.30 Uhr; Tel. 011/33 37 54 14*

Palace

Der größte Showpalast von São Paulo mit Programmen berühmter Künstler. *Av. Jamaris 213, Tel. 011/531 49 00*

Teatro Municipal

Erstes Haus am Platz im Pariser Stil der Gründerjahre. *P. Ramos de Azevedo, Tel. 011/222 86 98*

AUSKUNFT

Touristenpolizei

Die *Delegacía Especializada de Atendimento ao Turista* hilft nicht nur in Fragen der Sicherheit, sondern gibt auch Auskunft. *Praça António Prado 9, Zentrum, Tel. 011/239 58 22;* Infostand auch im Anhembi-Park: *Rua São Bento 398, Tel. 011/31 07 56 42 Internet: www.spguia.com.br*

ZIELE IN DER UMGEBUNG

Santos   [123 E2]

⭐ Santos, die alte Kaffee-Hafenstadt 50 km südöstlich von São Paulo, hat sich zu einer angenehmen Stadt gemausert. Die Strandpromenade kann es mit Rios Copacabana aufnehmen, ist aber sicherer und sauberer. In der Nähe der *balsa* (Fähre) nach Guarujá, die im Minutenabstand die Hafeneinfahrt quert, liegt das *Museu do Mar,* das die Meers-Flora und Fauna sowie allerlei maritime Kuriositäten ausstellt. *Rua República do Equador (Ponta da Praia), Di–So 9–18 Uhr*

Schwarzes Gold und Beton

Durch Bergland, Sümpfe und barocke Kolonialstädte in die Hauptstadt aus der Retorte

Neugierige Kinder in Ouro Preto

Der Bundesstaat Minas Gerais ist ein stürmisches Landmeer. Die weite Dünung des Planalto türmt sich in Wellen zu steilen Gebirgsketten in Küstennähe auf. Das Gebirge versperrte lange den Zugang zum Hinterland. Erst Sklavenjäger und Goldsucher überwanden die Barriere. Als im Flusssand jenseits der Berge Gold gefunden wurde, gab es kein Halten mehr. Goldgräberstädtchen schossen aus dem Boden. Die portugiesische Krone sicherte sich den Löwenanteil, und wer für fromme Zwecke Gold gab, war von der Steuer befreit. So entstanden prächtige Barockkirchen neben den Abraumhalden, die noch heute wie Diamanten im Bergland glitzern.

BELO HORIZONTE

[120 C5] Der günstigste Ausgangsort, um sich einen Eindruck vom »goldenen Herz« Brasiliens zu verschaffen, ist die Minenstadt Belo Horizonte (2 Mio. Ew.). Lange nach dem Goldrausch gegründet, ist sie planmäßig wie ein Schachbrett an-

Barockskulptur von Meister Aleijadinho vor der Basilika Bom Jesus in Congohas

gelegt und wurde 1897 die neue Hauptstadt des Staates. Belo Horizonte liegt am Rand eines weiten Talkessels inmitten der Erzminen. Das Eisenerz wird im offenen Tagebau geschürft und in vorsintflutlich anmutenden Hochöfen verhüttet. Ein rußiger Nebel hängt oft über der Stadt. Im »brasilianischen Ruhrgebiet« befindet sich neben viel Stahlindustrie auch Brasiliens größte Autofabrik. Die Stadt ist nicht hässlich, hat aber auch nicht viel Aufregendes zu bieten. Im *Parque Municipal* mit Bambushainen und alten Bäumen kann man der Großstadthektik entkommen.

MUSEUM

Museu de Mineralogia
Im ehemaligen Rathaus finden Sie einen guten Überblick über den

Oscar Niemeyers berühmte Kathedrale von Brasília

plutonischen Reichtum der Bergbauprovinz. Für Mineralogen ein lohnendes Ziel. *Di–So 12–16.45 Uhr, Rua Bahia 1149*

ESSEN & TRINKEN

A Favorita
Elegantes Restaurant mit ausgesuchten Gerichten und eigener Bäckerei. *Rua Sta. Catarina 1235, Lourdes, Tel. 031/32 75 23 52, €€€*

Xapuri
Das beste Restaurant für Spezialitäten der Minas-Küche liegt 12 km außerhalb des Zentrums im Stadtteil Pampulha. *Rua Mandacaru 280, Tel. 031/496 61 98, €€*

EINKAUFEN

Palácio das Artes
Schöne Volkskunst: Lehmfiguren, Holztiere, Flickenteppiche, Blechspielzeug. *Parque Municipal*

ÜBERNACHTEN

Fazenda Ipê Amarelo
Für Familien und Pferdefans. *63 Zi., 40 km außerhalb an der BR 040 Richtung Brasília, Tel. 031/ 32 61 15 28, Fax 36 61 91 00, www.hotelipeama relo.com.br, €*

Othon Palace
Erstes Haus der Stadt, am Stadtpark. *286 Zi., Av. Afonso Pena 1050, Tel. 031/32 13 00 00, 0800/31 38 44 (gebührenfrei), Fax 32 13 10 50, www.hoteis.othon.com.br, €€*

ZIEL IN DER UMGEBUNG

Diamantina   [120 C4]
Die nördlichste und unberührteste der Bergwerksstädte. In der Umgebung werden noch heute Diamanten geschürft. Auf der Serra do Espinhaço gibt's gute Wandermöglichkeiten (Info: *Turismo Aventura, Tel. 075/334 13 14*). *280 km nördlich*

BRASÍLIA

[120 B3] ★ In 1000 Tagen stampften 1957 bis 1960 Heere von Bauarbeitern Brasília (1,8 Mio. Ew.) aus der roten Erde des Planalto. Die Verlegung der Hauptstadt von der dicht besiedelten Küste in die menschenleere Hochebene war aus heutiger Sicht ein Akt des Größenwahns. Rom und Washington galten als Vorbilder. Mit Brasília wollte der damalige Präsident Kubitschek den Aufbruch der Nation ins 3. Jahrtausend antreten. Ziel war die Kolonisierung des gewaltigen Binnenraums und der Vorstoß bis zu den letzten Grenzen am Amazonas.

Alles, was eine Stadt ausmacht, fehlt Brasília. Es gibt weder Plätze, Straßen, Ecken, Winkel, Promenaden noch Geschiebe und Gedränge, Lärm und Leben, Kneipen und Gassen. Die Architekten der neuen Hauptstadt, Oscar Niemeyer und Lúcio Costa, wollten eine Utopie verwirklichen, eine Metropole von Licht, Luft und Sonne, klar wie ein Kristall, logisch wie eine Gleichung, funktionell wie eine Maschine, sauber wie ein Klinikraum. Wie ein riesiges Raumschiff liegt Brasília unter dem blauen Himmel des Planalto. Transportbänder, Wohnsilos, Grünzonen, Tangenten und Parallelen sind die Elemente dieser Stadt. Ein Monument und Museum einstiger Visionen. Die Unesco stellte Brasília unter Denkmalschutz.

SEHENSWERTES

Einen ersten Überblick bekommt man vom ⬇ *Fernsehturm*. Die breite *Esplanada dos Ministérios* und das *Kongressgebäude* bilden die monumentale (und leere) Mitte dieser Stadt. Wegen der Dimensionen wäre es mörderisch, zu Fuß zu laufen. Der Stadtplan mag auf dem Reißbrett logisch ausgesehen haben, den Besucher verwirrt er. Die Stadtteile heißen *Setor* (Sektor) und sind in Quadrate, diese wieder in Blöcke aufgeteilt. Anstelle von Straßennamen gibt es meist Nummern. Am besten schließen Sie sich einer Stadtrundfahrt an, oder Sie betrachten das Gesamtkunstwerk Brasília von oben: Ab Landepunkt Fernsehturm fliegen Hubschrauber 10 Minuten lang über Brasília *(pro Person ca. 40 Euro, Tel. 061/323 87 77)*.

Insider Tipp

MARCO POLO Highlights
»Der Westen und die Mitte«

★ **Pantanal**
Wildlife, wie es kein Zoo bieten kann. Spaziergang unter Krokodilen (Seite 55)

★ **Brasília**
Hier ist ein Monument der Zukunft aus der Vergangenheit zu besichtigen (Seite 53)

★ **Ouro Preto**
Das goldene Herz Brasiliens – im rauen Bergklima von Minas Gerais Frischluft schöpfen (Seite 56)

ESSEN & TRINKEN

Bargaço
Kleines, edles Restaurant am Lago Sul, außerhalb der Stadt. *Tel. 061/ 248 18 24, SHIS, Quadra I, conjunto 10/12, Bosque dos Eucaliptos,* €€

Spettus
Gut besuchte Churrascaria, deren Niveau über dem Durchschnitt liegt. *Tel. 061/226 83 27, Hotelsektor Sul, Quadra 5, Bloco E.,* €€

EINKAUFEN

Hippiemarkt
Gefärbte Blumen und Gräser, Flaschen mit gefärbten Sandminiaturen, Skulpturen aus Seifenstein, Schmuck und Lederwaren. *Sa/So unter dem Fernsehturm*

ÜBERNACHTEN

Itamarati Parque
Relativ billig und gut. *160 Zi., Setor Hoteleiro Sul, Tel./Fax 061/ 321 73 37,* €€

Naoum Plaza
Den Rang des ersten Hauses am Platz hat es vom Hotel Nacional übernommen. *187 Zi., Setor Hoteleiro Sul, Tel. 061/322 45 45, Fax 322 49 49,* €€€

FREIZEIT & SPORT

Das Freizeitleben und der Sport spielen sich in den Clubs am *Stausee* ab. Dazu muss man aber Mitglied sein oder eingeladen werden. Wem das gelingt, dem stehen alle Möglichkeiten offen: Golf, Segeln, Tennis, Volleyball. Für alle anderen bleibt die Bootstour: auf dem Stau-

see gemütlich beim Bier dem Präsidenten in den Garten gucken. *So 10 und 14 Uhr; Fahrtdauer ca. 2 Std., Abfahrt vom Club ASBAC, Tel. 061/99 82 11 61, 5 Euro*

AM ABEND

Donnerstags bis samstags herrscht in vielen Bars reges Leben – besonders im *Centro Comercial Gilberto Salomão (Lago Sul). Música popular brasileira* gibt es täglich in der *Blues Time Bar, SCLN 114, Bl. C, Tel. 061/349 45 99*

AUSKUNFT

Ventur
Deutschsprachiges Reisebüro in der Galeria do Hotel Nacional, Loja 1, Tel. 061/223 50 02 und 223 82 02 Auskunft am Flughafen: *Tel. 061/ 364 91 35, 7–23 Uhr*
Internet: www.infobrasilia.com.br

ZIELE IN DER UMGEBUNG

Chapada dos Guimarães [118 C4] Inside Tipp
Wie riesige Flugzeugträger liegen die Berge in der Landschaft, und an ihren Rändern rauscht das Wasser herunter. Die Chapada ist ein Paradies für Naturfreaks – und zahlreiche kleine Pousadas und Trekkingagenturen stellen sich darauf ein. Zu erreichen nur ab *Cuiabá*, das rund 50 km weiter westlich (und ca. 1400 km westlich von Brasília) liegt. *Besucherzentrum des Nationalparks: Tel. 065/11 33*

Itiquira [120 B3] Inside Tipp
Von dem mit 158 m höchsten Wasserfall Brasiliens haben Sie auch sehr schöne ❖ Ausblicke ins Paraná-Tal; Badegelegenheit. Am Ein-

gang ein leidliches Lokal. *Ausfall-straße BR020 nach Bahia, Abfahrt Formosa, dann neue Asphaltstraße, nur mit Mietwagen oder organisierter Tour. 140 km nordöstlich*

Pantanal [118 B–C 4–6]

★ Pantanal heißt Sumpf. Und dieser Sumpf ist so groß wie halb Deutschland. Ein Schwamm, der die Wassermassen aus dem zentralen Hochland Brasiliens auffängt und gleichmäßig wieder nach Süden in den Rio Paraguay abgibt. Das Pantanal ist ein Süßwasserbiotop voller amphibischen Lebens. Ein Paradies für Angler und Vogelkundler. Krokodile sonnen sich am Ufer. Herden von Wasserschweinen sind neben Störchen, Reihern und Marabus zu sehen. Mancher Nistbaum scheint in voller Blüte zu stehen – dabei sind es nur die Federbälge seiner Gäste. Einfallstore in das Pantanal sind die Städte *Cuiabá* im Norden oder *Corumbá* im Süden. Beide

Orte werden täglich von Brasília, São Paulo und Rio angeflogen. Der beste Zeitraum zum Besuch ist gegen Ende der Trockenzeit (Juni bis Okt.), dann gibt's weniger Moskitos.

Drei bis vier Tage müssen Sie einplanen, um den Sumpf zu besuchen. Vertrauen Sie sich ortskundigen Tourismusunternehmen an. Empfehlenswert (und deutschsprachig) in *Rio de Janeiro: Asan (Adresse siehe dort)*

Pirenópolis [120 A3]

Gepflegtes Goldgräberstädtchen (7000 Ew.) im Landesinneren, 1727 gegründet: Katzenkopfpflaster, koloniale Schlichtbauten, ein Badeflüsschen. Pfingsten werden Reiterspiele in historischer Tracht **Insider Tipp** aus der Zeit der Kreuzzüge aufgeführt. Gute Unterkunft in der netten *Quinta Santa Bárbara (20 Zi., Rua do Bonfim 1, Tel./Fax 062/ 331 13 04, €€, nur mit Halbpension). 130 km westlich*

Urwüchsige Szenerie tief im Landesinneren – die Chapada dos Guimarães

OURO PRETO

[120 C5] ★ Die koloniale Bergbaustadt (65 000 Ew.) steht als Unesco-Kulturerbe der Menschheit unter Denkmalschutz. Sie ist es wert! Wer zählt die barocken Kirchen und schönen Paläste? Die kleine, hoch gelegene Stadt mit einer Bergakademie steckt voller Geschichten. In ihren steilen, rumpeligen Gassen scheint die Zeit stehengeblieben zu sein. Ouro Preto war die Wiege brasilianischer Unabhängigkeit. Aus Wut über die Gier portugiesischer Kolonialbeamter verschworen sich Bürger der Stadt unter Führung des »Zahnziehers« *Tiradentes* gegen die Krone, wurden jedoch verraten.

SEHENSWERTES

Die schönsten Kirchen und Skulpturen stammen von Aleijadinho, dem »Krüppelchen«: Antônio Francisco Lisboa (1738–1814), Sohn einer schwarzen Sklavin und genialer Autodidakt. Selbst als der Knochenfraß seine Gliedmaßen bereits zu unbeweglichen Stümpfen zerstört hatte, arbeitete Aleijadinho wie besessen weiter. Der Bildhauer und Architekt gehört zu den größten Künstlern seines Genres. Ouro Preto ist ein Gesamtkunstwerk, unmöglich, die zwei Dutzend sehenswerten Barockkirchen alle aufzuführen. Da wäre z. B. *Santa Efigênia dos Pretos* im östlichen Stadtteil Alto da Cruz, erbaut und ausgestattet von Francisco Javier do Briton, dem Lehrer Aleijadinhos. Vom Vorplatz haben Sie einen 🔻 Panoramablick über die Stadt. Ebenfalls im Osten liegt *Nossa Senhora do Rosário dos*

Brancos. São Francisco, am Largo, 1794 von Aleijadinho entworfen und reich mit Skulpturen geschmückt, und *Nossa Senhora do Pilar,* für deren Ausstattung mehrere 100 kg Gold verarbeitet wurden. Am besten folgen Sie Ihren Instinkten oder Sie setzen sich mitten auf den 🏃  Marktplatz und atmen das besondere Flair des Städtchens ein.

MUSEEN

Casa dos Contes
Die alte Münze (1782) der Bank, auf der die Goldsucher ihre Funde zur Begutachtung und Versteuerung durch die Krone vorzulegen hatten, zeigt einen reichen Fundus auch an Möbeln und Werkzeug aus dem Goldboom. *Di–Sa 12.30–15, So 9–15 Uhr, Rua São José*

Museu da Inconfidência
Kolonialzeit und Freiheitskampf sind hier gut dokumentiert. *Di–So 12–17.30 Uhr, Praça Tiradentes*

Museu da Mineralogia
Edelsteine und Kristalle in der größten Mineraliensammlung Brasiliens. *Di–Fr 12–17, Sa/So 9–13 Uhr, P. Tiradentes/Rua Padre Rolim*

ESSEN & TRINKEN

Casa do Ouvidor
Deftige regionale Spezialitäten. *Kein Ruhetag, Rua Conde de Bobadela 42, Tel. 031/35 51 21 41,* €

Le Coq d'or
Restaurant im Edelhotel Solar Nossa Senhora do Rosário; französische und Minas-Küche. *Kein Ruhetag, Rua Getúlio Vargas 270, Tel. 031/ 35 51 52 00,* €€

Eine von Ouro Pretos sakralen »Perlen«: Nossa Senhora do Pilar

EINKAUFEN

Mit Edelsteinen und Specksteinplastiken aus dem Steinbruch Santa Rita rennen Händler den Touristen nach.

ÜBERNACHTEN

Estalagem de Minas Gerais
Außerhalb, tolle Aussicht auf die Berge. *75 Zi., Rodovia dos Inconfidentes, km 87, Tel. 031/ 35 51 21 22, Fax 35 51 27 09, €€*

Solar Nossa Senhora do Rosário
Komforthotel in einem Prachtbau des 18. Jhs. *46 Zi., Largo do Rosário, Tel. 031/35 51 42 00, Fax 35 51 42 88, www.hotelsolarderosario.com.br, €€*

AUSKUNFT

Informações Turísticas
Praça Tiradentes 41, Tel. 031/ 35 59 32 69, www.ouropretotour.com

ZIELE IN DER UMGEBUNG

Congonhas   **[120 C5]**
Barockes Kolonialstädtchen, wegen seiner Pilgerfahrt zur Basílica de Senhor Bom Jesus im September berühmt. *60 km südwestlich*

São João del Rei/
Tiradentes   **[120 C5]**
São João ist eine alte Goldgräberstadt mit schönen Barockkirchen. Am Wochenende steht die schwarze Maria Fumaça Funken sprühend am alten Bahnhof. Um 10 Uhr setzt sich die »rauchende Maria« in Bewegung und zuckelt auf der Strecke von 1881 durch die grüne Bergwelt. Eine halbe Stunde später kommt das Dampfross im 18. Jh. von *Tiradentes* an. Am Bahnhof warten Pferdekutschen. In der Altstadt, wo kein Auto fahren darf, ist alles noch so, wie es am Ende des Goldrauschs war. Allerdings frisch renoviert. *190 km südwestlich*

Insider Tipp

Expeditionen in die »grüne Hölle«

Bedrohte Natur und tropische Abenteuer in den Regenwäldern am Amazonas

Amazonas – ein Mahlstrom der Träume. Führten seine Fluten zum El Dorado – zur sagenhaften Stadt aus purem Gold? Francisco de Orellana lässt die Expedition von Gonzalo Pizarro in Ecuador im Stich und fährt 1542 auf eigene Faust mit ein paar Männern den Napo hinunter. Sie leiden entsetzlich und verteidigen die nackte Haut gegen die Attacken der Flussindianer, weibliche Krieger, die Amazonen glichen, jenen Fabelwesen aus der griechischen Sage. Orellana erreicht den Atlantik und kehrt mit reichen Schätzen an den Hof von Madrid zurück. Unverzüglich soll er zurückkehren und »Neu-Andalusien« in Besitz nehmen. Das Flussfieber rafft ihn dahin. Im 18. Jh. errichten die Portugiesen Befestigungen in Belém, Santarém, Óbidos, Manaus und noch weitere den Rio Solimões und Rio Negro aufwärts. Im 19. Jh. boomt der Kautschukhandel. Abenteurer und Spekulanten machen sich auf nach Manaus, Leticia und Iquitos, fieberverseuchten Nestern, in denen über Nacht Paläste aus italienischem Marmor entstehen. Der Blüten-

Von Manaus aus mit dem Kanu den Rio Solimões erkunden

Yanomami-Indianerin mit Kind

traum vom irdischen Paradies zerfällt schnell, doch in der feuchten Hitze bricht der Wahn immer wieder aus. »Fitzcarraldo« ist keine Erfindung von Werner Herzog, er hat gelebt. Henry Ford verlor Millionen Dollar am Rio Tapajós mit Gummiplantagen. Ein anderer US-Millionär, Daniel Ludwig, verspielte sein Vermögen am Rio Jari. Amazonien, auch heute noch hat dieser Name magischen Klang.

BELÉM

[113 E3] »Bethlehem« (1,1 Mio. Ew.), die Hauptstadt des Bundesstaats Pará, liegt auf einer Halbinsel, die sich wie der Bug eines Schiffs in das Amazonasdelta schiebt. Das *Forte do Castelo* ist die Galionsfigur

Händler auf dem Ver-O-Peso-Markt

Beléms. Von seinen Mauern schweift der Blick hinaus auf die Bucht von Marajó – noch Fluss, schon Meer. Hinter dem Fort liegen die malerischen Piers und Schuppen, gewagte Konstruktionen aus Balken und Latten, hölzerne Laufstege, die sich im Labyrinth der Buden und Spelunken an den Ufern des Guamá verlieren. Unterhalb der Festung sind die Fischerboote vertäut. Im Morgengrauen bringen sie ihre Ladung an Land. Fette schwarze Geier und magere Köter streiten sich um die Reste. Amazonasdschungel im Miniaturformat können Sie im *Park Rodrigues Alves* (an der Straße zum Flughafen) erleben.

SEHENSWERTES

Altstadt
Die Altstadt durchziehen schattige Mangobaum-Alleen, die zum Stadttheater, dem Theater des Friedens *(Teatro da Paz)* führen; einem Bau aus den 70er-Jahren des 19. Jhs., als das Amazonasgebiet vom Gummiboom profitierte. Das Stadtbild wird geprägt von einem Dutzend barocker Kirchen. Im Oktober ist die

Kathedrale Mittelpunkt der großen Círio-Prozessionen. Ein Platz zum Verweilen und Schauen: das *Forte do Castelo* mit einer schönen Aussicht über den von Menschen wimmelnden Markt und die Baia do Guajará.

Ver-O-Peso-Markt
★ »Prüfe das Gewicht« heißt dieser Bazar wörtlich, aber Sie sollten lieber auf Taschendiebe achten. Der Markt, in alten Eisenhallen und im Freien direkt an der Pier, bietet so ziemlich alles, was in amazonischen Gefilden krabbelt, wächst und stark riecht. Hier müssen Sie unbedingt die *Tacaca* probieren, eine dicke Suppe mit Krabben und Jambo-Gemüse, die in Kokosnussschalen serviert wird.

MUSEUM

Museu Emílio Goeldi
15 000 Objekte indianischer Kulturen und über 50 000 Pflanzenarten sind hier archiviert und zum Teil ausgestellt. Hier beschränkt man sich aber nicht aufs Sammeln und Ausstellen. Etliche Naturwissenschaftler des Museums haben bahnbrechende Untersuchungen des Regenwalds angestellt. *Di–Do 9–12 und 14–17, Fr 9–12, Sa/So 9–17 Uhr, Av. Magalhães Barata 376*

ESSEN & TRINKEN

Círculo Militar
★ Der beste Platz, um die Regionalküche Amazoniens auszuschmecken, z. B. *Pato ao tucupi*, Ente mit dem aus der Zunge kribbelnden Tucupi-Kraut. Mit Blick auf den Strom! *Forte do Castelo, Tel. 091/223 43 74, €*

O Outro/Lá em Casa

Gute Amazonas-Küche im *O Outro* – wie auch im *Lá em Casa* (selbes Haus, selbes Telefon). *Av. Governador José Malcher 247, Tel. 091/223 12 12,* €€

EINKAUFEN

Schmucker Markt für Volkskunst, wo Sie allerlei Souvenirs finden: indianischen Federschmuck, Töpferei von der Insel Marajó, ausgestopftes Getier und Ledersachen. *Gleich neben dem Ver-O-Peso*

ÜBERNACHTEN

Belém Hilton
Erste Adresse im Zentrum. *361 Zi., Praça da República, Tel. 091/242 65 00, Fax 225 29 42,* €€€

Parque dos Igarapés
Das Hotel liegt mitten in einem tropischen Park, 18 km außerhalb von Belém und verfügt über 15 komfortable Hütten, Pool und Tennisplatz. *Rodovia A. Montenegro, km 7, Tel. 091/248 17 18, Fax 218 74 89,* €

FREIZEIT & SPORT

Angeltouren im Amazonasdelta sind durch die örtlichen Reisebüros zu buchen. Für Segeltörns am besten im Yachtclub *(Av. B. Sayão 3224, Tel. 091/224 73 99)* nachfragen – dort können Sie auch mit Aussicht auf den Fluss nett speisen.

AM ABEND

»Tout Belem« trifft sich im Freiluft-*Café do Parque* (eher ein Bierausschank) an der *Praçada República, neben dem Teatro da Paz.* 🏃 Die alten Docks am Amazonas sind zum abendlichen Treffpunkt besonders der Jungen geworden – zahlreiche Pinten und Bars laden ein *(bis 3 Uhr morgens, Mo geschl., Boulevard Castilla França, Zentrum, Tel. 091/212 55 25).*

MARCO POLO Highlights »Amazonien«

★ **Teatro Amazonas**
Amazonas-Romantik aus der Zeit des Kautschukbooms (Seite 63)

★ **Ver-O-Peso**
Fisch- und Fruchtmarkt mit starken Gerüchen am Kai von Belém (Seite 60)

★ **Amazon Lodge**
Wie Tarzan im tiefen Dschungel leben und Piranhas angeln (Seite 65)

★ **Círculo Militar**
Die Amazonas-Küche probieren im alten Fort von Belém (Seite 60)

★ **Flusstouren auf dem Amazonas**
Sich vom großen Strom tragen lassen (Seite 65)

★ **Serra Pelada**
Das Loch der Hoffnung: Hier haben 90 000 Goldgräber gebuddelt (Seite 62)

Belémtur
*Im Flughafen, Tel. 091/211 61 51
(24 h); Av. Gov. José Malcher 592,
Mo–Fr 8–18 Uhr, Tel. 091/
241 31 94, www.belem.pa.gov.br*

ZIELE IN DER UMGEBUNG

Marajó   **[113 E3]**
Reiterferien unter Wasserbüffeln auf
einer Insel, die so groß wie die
Schweiz ist und mitten im Amazonasdelta liegt. *Nur durch Reisebüros
und mit dem Lufttaxi zu erreichen*

Salinópolis   **[113 F3]**
Das kleine Salinópolis (30 000 Ew.)
ist für die Bewohner von Belém
dasselbe wie Sylt für die Hambur-
ger. Sie können sich von Fischern
oder Bootsführern an Strände in der
weiten Dünenlandschaft schippern
lassen. Salinópolis ist in rund 4 Bus-
stunden zu erreichen. Im Ort stehen den Besuchern zahlreiche Hotels, Pousadas und Restaurants zur
Auswahl. Empfehlenswert sind u. a.
das *Hotel Gringo Louco (»Verrück-
ter Gringo«), Rua do Castelo, an der
Ausfahrt nach Capanema (13
Apartments, Sauna, Pool, Jetski und
Angelausrüstung für die Gäste,
Tel./Fax 091/212 33 44, €)* sowie
das *Hotel Atalaia Inn (32 Zi., Bar
und Restaurant, R. Caminho das Dunas 1, Tel./Fax 091/824 11 22,
€€). 240 km nordöstlich*

Serra Pelada   **[113 E5]**
★ Vor zwanzig Jahren war das *die*
Goldmine in Amazonien. 80 000
Menschen buddelten dort im Dreck
und holten einige Tonnen des be-
gehrten Metalls heraus. Einige hundert *Garimpeiros* können es nicht
lassen, aus dem Abraum noch
kleinste Partikel auszuwaschen, ansonsten ist die Serra Pelada ein Ba-
rackennest im Dschungel wie viele
andere. Nur für Abenteuerlustige!
*Bus/Kollektivtaxi von Marabá; tgl.
Flugverbindung nach Belém*

Provinzidyll auf Marajó, der Rieseninsel im Amazonasdelta

MANAUS

[112 A4] Industriestadt (1,5 Mio. Ew.) am Rio Negro. Amazonas-Romantik werden Sie hier kaum noch finden. Die Flieger, die täglich aus São Paulo, Brasília und Rio einschweben, schaffen weniger Naturschwärmer als »Butterfahrer« heran, die im zollfreien Gebiet einkaufen, um die Lieben daheim mit Videorecordern, Parfums und Uhren zu beglücken. Sie sollten wegen der umständlichen Zollabfertigung, die vor dem Abflug stattfindet, bereits zwei Stunden früher einchecken. Manaus ist der Ausgangspunkt für alle Touren am mittleren und oberen Amazonas (bzw. Solimões – so heißt er nämlich bis zur Vereinigung mit dem Rio Negro, an dem Manaus liegt).

SEHENSWERTES

Mercado Municipal
Die gusseisernen Markthallen, vor 100 Jahren nach europäischem Vorbild errichtet, haben schon bessere Zeiten gesehen. Unter ihren Dächern spielt sich vormittags buntes tropisches Treiben ab, argwöhnisch von Geiern beäugt. *Rua dos Barés*

Schwimmende Pier
🏃 Der Flussbahnhof von Manaus. In alle Richtungen fahren von hier aus die *gaiolas,* die krummen »Vogelbauer«, ab. Reisende mit Abenteuerlust können sich den Schiffen anvertrauen – am besten mit Hängematte im Oberdeck. Eine solche Flussfahrt macht süchtig. Es ist die bequemste Art des Reisens in Amazonien. Aber man sollte sich darauf ein wenig vorbereiten.

Teatro Amazonas
★ Sie werden kaum Gelegenheit haben, in diesem Prachtbau aus den Zeiten der Gummibarone ein Konzert oder eine Oper zu hören, denn trotz Renovierung finden nur gelegentlich Konzerte statt, hauptsächlich im April/Mai. Doch besichtigen sollten Sie das phantastische Bauwerk der Amazonas-Romantik auf jeden Fall. *Mo–Sa 9 bis 16 Uhr, Praça São Sebastião*

ESSEN & TRINKEN

Kulinarisch ist Manaus etwas unterentwickelt, aber natürlich kann man da und dort auch Amazonas-Fisch probieren, z. B. hier:

Canto da Peixada
Unbedingt *Tambaqui* (vom Rost oder gekocht) probieren – ein fast grätenloser Fisch, der sich von Früchten ernährt: eine Delikatesse! *Rua Emilio Moreira 1677, So geschl., Tel. 092/234 30 21, €*

Insider Tipp

EINKAUFEN

Zollfreie Elektronik, Parfum, Uhren usw. Für Europäer ist das Angebot wenig aufregend. Interesse wecken Indianerschmuck und kunstgewerbliche Gegenstände der Region.

ÜBERNACHTEN

Tropical
Einsame Fünf-Sterne-Insel weit und breit: Tennisplätze, Wellenbad, sogar ein eigener Zoo und eine Anlegestelle am Rio Negro. Als Stützpunkt für Touren in die amphibische Welt Amazoniens gut geeignet. *601 Zi., Direktzubringer vom Flughafen bei Vorbuchung, Ponta*

Prachtvolle Kuppel des Teatro Amazonas von Manaus

Negra, 16 km von Manaus, Tel. 092/658 50 00, Fax 658 50 26, www.tropicalhotel.com.br, €€€

FREIZEIT & SPORT

Angeltouren gehören meist auch zu den Pauschalpaketen bei Dschungeltrips. Einen Piranha aus dem Wasser zu ziehen, gelingt auch ungeübten Anglern mit einer Schnur und einem Haken mit einem Stück Fleisch als Köder. Nur die Hand hat im Wasser nichts zu suchen!

AM ABEND

Für die meisten Touristen dürften die schummrigen Kneipen von Manaus ein allzu heißes Pflaster sein – Vorsicht ist geboten! Trotzdem seien zwei *boîtes* genannt, in denen heiße Lambada angesagt ist: *Hawaii* und *Kalamazou*, die beide an der *Estrada da Ponta Negra* außerhalb des Zentrums liegen.

AUSKUNFT

Im Regierungspalast Palacio Negro, Av. 7 de Setembro 1546, Zentrum, Mo–Fr 8–17 Uhr, Tel. 092/633 28 50 oder bei Manaustur, gleiche Avenida, Nr. 157, Tel. 092/622 49 25, tgl. 8–17 Uhr; www.manaus-online.com.br

ZIELE IN DER UMGEBUNG

Boa Vista [111 F2]

Die Hauptstadt (100 000 Ew.) des Bundesstaats Roraima, des neuesten Eldorados der Goldsucher, liegt eine Flugstunde von Manaus entfernt. Sie bietet nichts außer fürchterlicher Hitze und einer Landverbindung nach Venezuela (Bus/Jeep bis zur Grenze, ca. 12 Stunden).

Dschungelhotels

Interessanter, als viele Tage im Ghetto eines stadtnahen Luxushotels zu verbringen, ist der Aufenthalt in einem der vielen Dschungel-hotels, die meist per Außenborder von Manaus angesteuert werden. Empfehlenswert (unter Schweizer Führung) ist die ★ *Amazon Lodge (14 Zi.)* am Lago do Juma, 4 Boots-stunden von Manaus, ein schwim-mender Bungalow inmitten der un-berührten Natur *(Buchung über: Manaus, Tel. 092/656 60 33, www. natursafaris.com.br, 2 Tage/3 Näch-te pro Person ca. 250 Euro).* Ein weiteres schwimmendes Hotel im Rio Negro, unweit von Manaus, ist das *Jungle Palace,* mit Pool *(Tel. 092/633 62 00, Fax 234 00 29, www.junglepalace.com.br, €€).*

Flusstouren [117 F2]

★ Schiffsreisen auf dem Solimões/Amazonas bieten fast alle örtlichen Reisebüros an. Etwas Besonderes ist ein Trip mit einem der Hotelschiffe, meist umgebaute hölzerne Amazo-nasbarken, auf denen nur begrenzt Platz und der Komfort rustikal ist. Dafür erlebt man den Amazonas hautnah. Das ist aber nicht billig, es werden meist nur »Pakete« von 3 Tagen verkauft (pro Tag/Person ca. 100 Euro). *Buchung über Reisebüros*

Insider Tipp

Porto Velho [117 E4–5]
Rio Branco [116 C5]
Die Hauptstädte der Bundesstaaten Rondônia und Acre, von Manaus ei-ne bzw. zwei Flugstunden entfernt, bieten Wild-West-Atmosphäre für Abenteuerlustige.

Santarém [112 C4]
Bei der Tour nach Belém passieren Sie auf halber Strecke Santerém, ei-ne der ältesten Siedlungen am Ama-zonas – die zweitgrößte Stadt des Staates Pará –, wo der Tapajós mün-det. Schönes Farbspiel der Fluten.

Tabatinga [116 B2–3]
Zwei Flugstunden von Manaus, am Dreiländereck von Peru, Kolum-bien und Brasilien, liegt Tabatinga. Ein Besuch in diesem Schmuggler-nest bietet Abenteurernaturen ech-te Indiana-Jones-Romantik. Sie kön-nen von dort per Flugzeug nach Iquitos und Bogotá weiterreisen, natürlich nicht am gleichen Tag. Die Unterbringung auf brasilianischer Seite ist primitiv. Sie wohnen besser in Leticia (Kolumbien), das vom brasilianischen Tabatinga nur durch einen Kreidestrich getrennt ist.

Insider Tipp

Lesefutter

Interessante und informative Bücher

Drei »Klassiker«, die mehr sind als landeskundliche Sachwerke: Gilberto Freyre, *Herrenhaus und Sklavenhütte* – eine elegant geschriebene Sozialstudie über das Werden der multirassischen Nation. Claude Lévi-Strauss, *Traurige Tropen* – selbstkritischer ethnografischer Klassiker aus den 1930er-Jahren. Stefan Zweig, *Brasilien – ein Land der Zukunft* – Liebeserklärung eines gebilde-ten Europäers an sein Exil. Wer sich einen Überblick über die brasilianische Literatur verschaffen will, dem sei das *Autoren-lexikon Lateinamerika* (Suhrkamp Taschenbuch) empfohlen.

Archaisches Hinterland und weite Strände

Unvergesslich auch Salvador da Bahia, das so farbenprächtige »schwarze Rom«

Sie sind im Nordosten Brasiliens auf Volksfesten und Wochenmärkten, bei Hochzeiten und Begräbnissen oder sonntags auf dem Dorfplatz zu sehen: phantastische Gestalten, in gelbes oder rötlichbraunes Leder gekleidet, auf dem Kopf den helmartigen, hartledernen Hut der Viehtreiber, der ihnen das Aussehen von altzeitlichen Kriegern oder von Banditen verleiht. Häufig tragen sie ein Gewehr auf dem Rücken, an der Seite das säbelgroße Haumesser. Sie sitzen auf dem Pferd oder sind zu Fuß unterwegs, einen Leinensack unter dem Arm, der die Viola, die sechssaitige Gitarre, oder die Rebeca, die viersaitige Violine, enthält. So ziehen sie durchs Land – Brasiliens *cantadores* oder *trovadores,* die wohl letzten Troubadoure der Menschheit. Sie sehen sich als von Gott berufene Dichter und Sänger, die der Wahrheit und Gerechtigkeit dienen, den Menschen Neuigkeiten bringen und den Lauf der Welt kommentieren.

Der »Mönchsfelsen« vor der weit draußen im Atlantik liegenden Insel Fernando de Noronha

Strahlend wird heute die süße Last des Zuckerrohrs getragen

FORTALEZA

[115 D2] Fortaleza (2,1 Mio. Ew.), gilt in ganz Brasilien als Einkaufsort für Kleidung und Lederwaren. Dass die Hauptstadt der armen Nordostprovinz Ceará eine schöne Stadt sei, lässt sich nicht unbedingt behaupten. Aber schließlich gibt es ja den Strand. Und was für einen!

Fortaleza wurde von Holländern gegründet und Schoonenborch genannt – doch daran erinnert fast nichts mehr. Die Stadt muss so gut wie ohne koloniale Kleinodien auskommen. Beachtenswert ist das schöne Jugendstiltheater, das nach völliger Renovierung 1991 wieder

Traum für Zivilisationsmüde – mit einer Jangada aufs Meer

eröffnet wurde. Vor allem aber ist Fortaleza eine lebenslustige Fischer- und Badestadt. Die Fischer kommen mit ihren flachen *jangadas* (Segelflößen) direkt an den Strand und breiten die Meeresfrüchte aus. Weltruhm haben die Langusten. Fortaleza hat sich zu einer sauberen, modernen Stadt gewandelt, die erhebliche Anstrengungen unternimmt, den Tourismus zu fördern.

SEHENSWERTES

Altes Stadtgefängnis

Das festungsartige, bemooste Verlies steht nun allen Bürgern in beiden Richtungen offen. Man kann im Innenhof unter schattigen Bäumen eine Kaffeepause einlegen oder das Folkloremuseum besuchen. Es gibt einen guten Überblick vom Blechspielzeug für Kinder bis zu Votivbildern der Gläubigen. *Mo–Sa 8–18, So 8–14 Uhr, Rua Senador Pompeu 350*

Strandpromenade

Ein Bummel am Strand ist das Hauptvergnügen der Fremden und Einheimischen. Es weht immer eine frische Brise, es gibt immer was zu sehen – und es ist sicherer als an der Copacabana.

Teatro José de Alencar

Insider Tipp

Kleinod tropischer Jugendstilarchitektur in Gusseisen und farbigem Glas. Benannt nach dem berühmtesten Dichter der Stadt. *Besichtigungen Di–Fr 8–11 und 14–17 Uhr, Praça José de Alencar, Tel. 085/252 23 24*

MUSEUM

Kulturzentrum Dragão do Mar

Insider Tipp

1999 öffnete der »Meeresdrachen« und wartet seither mit einer Fülle von Veranstaltungen und Ausstellungen auf. Sehenswert das Folkloremuseum. *Tgl. 10–20 Uhr, im Norden der Stadt, Av. Senador Jaguaribe*

ESSEN & TRINKEN

O Alfredo

🏃 Dieses Fischlokal an der Strandpromenade ist eine gemütliche Pinte, die zu volkstümlichen Preisen und in lockerer Atmosphäre alles bietet, was das Meer hergibt. Die Fischportionen sind riesig. *Av. Presidente Kennedy 4616, Tel. 085/22 42 711,* €

Colher de Pau

Eines der besseren Restaurants der Stadt liegt am nächtlich belebten Strand von Iracema. Hier wird auch das Regionalgericht *carne de sol* angeboten. *Rua das Tabajaras 412, Tel. 085/219 36 05,* €

Trapiche

Große Auswahl an Fisch und Schalengetier. *Nur mittags, Av. Presidente Kennedy 3956, Tel. 085/244 44 00,* €€

EINKAUFEN

Fortaleza ist über das Angebot an Textilien und Lederwaren hinaus der beste Ort, um Hängematten und Spitzendecken zu kaufen. Die größte, fast überwältigende Auswahl haben Sie in den Arsenalen des alten Gefängnisses (heute *Centro Turístico*). Rua Senador Pompeu 350

ÜBERNACHTEN

Alle Hotels an der *Avenida Presidente Kennedy,* der Strandpromenade, sind von gutem Durchschnitt, aber auch von großer Einheitlichkeit. Im Grund ist es gleich, wo Sie übernachten. Hier vier Tipps aus allen drei Preiskategorien:

Imperial Othon Palace (Nr. 2500, Tel. 085/244 91 77, Fax 22 47 77, www.hoteis-othon.com. br, €€€*); Marina Park, Tel. 085/455 95 95, Fax 253 18 03, www.*

MARCO POLO Highlights
»Der Nordosten«

★ **Altstadt Salvador**
Bummel durch die barocke Welt der alten Hauptstadt Brasiliens mit ihren prächtigen Kirchen (Seite 76)

★ **Olinda**
Koloniale Kleinstadt mit krummen Gassen und munterem Künstlerleben (Seite 71)

★ **Genipapu**
Dünenachterbahn: schnell mit dem Buggy, langsam mit dem Dromedar (Seite 75)

★ **Museo do Homem do Nordeste**
Museum in Recife zur Volkskultur und Regionalgeschichte in Pernambuco (Seite 73)

★ **Juazeiro do Norte**
Die Atmosphäre im Hinterland des Nordostens erleben (Seite 70)

★ **Macumba/Umbanda**
Besuch einer Afro-Kultstätte, um zu spüren, wie nahe der Schwarze Kontinent liegt (Seite 78)

marinapark.com.br, €€€; Praia Centro, Tel./Fax 085/219 11 22, praiacentro.com.br, €€; Ibis, Tel. 085/219 21 21, 0800/11 17 90 (gebührenfrei), Fax 219 00 00, www.ibisfortaleza.com.br, €

FREIZEIT & SPORT

In und um Fortaleza finden Sie die schönsten Dünenstrände des Nordostens. Je weiter weg von der Stadt, desto klarer das Wasser und desto ruhiger das Strandleben. Mit einem Strandbuggy können Sie auf Entdeckungsreise gehen oder mit Fischern zum Fototermin oder Fischfang auf einer *jangada* durch die Brandung rauschen (nur für sichere Schwimmer!). Im Umkreis von 100 km finden sich jede Menge paradiesischer Strände mit Dünen, Palmen und Lagunen. Am besten fahren Sie mit dem Mietwagen immer dicht an der Küste entlang und dann auf den Stichstraßen hin zum Meer.

AM ABEND

Das Viertel 🏃 *Praia de Iracema* am nördlichen Ende der Meerespromenade ist das Mekka der Nachtschwärmer: eine Kneipe an der anderen, und alle schließen erst im Morgengrauen. Für tanzwütige und Kontakt suchende Jugendliche optimal. Der Vergnügungspalast *Mucuripe* lässt der Diskojugend keine Wünsche offen *(Av. Beira Mar 4430, www.mucuripe.com.br).*

AUSKUNFT

Setur

Rua Senador Pompeu 350 (Centro de Turismo), Tel. 085/15 16 Internet: www.fortaleza-online.com

ZIELE IN DER UMGEBUNG

Jericoacoara [114 C2]

Die Fahrt nach Jericoacoara (350 km nordwestlich von Fortaleza) gleicht einer Safari: Nach 5 Stunden Busfahrt müssen die letzten 18 km per Jeep über Stock und Stein durch haushohe Wanderdünen bewältigt werden. Dank der abgeschiedenen Lage gibt es noch immer keine Asphaltstraßen, nur kleine Bars und verschlafene Pousadas. Jericoacoaras paradiesischer Höhepunkt verbirgt sich gleich hinter den Dünen: die Lagoa de Jijoca, eine azurfarbene Lagune von betörender Schönheit. Hoteltipps: *Pousada Hippotamus (Tel. 085/242 91 91, €)* und, skurril und romantisch, *Pousada Freddyssimo (Tel. 085/603 15 06, €).*

Juazeiro do Norte [115 D4]

★ 🏃 Die Pilgerstadt (195 000 Ew.) zeigt dem Besucher den Nordosten »pur« in seiner ganzen Kargheit. Nur der Himmel der kleinen Leute ist reich. Jedes Jahr ziehen am 1. und 2. November lange Prozessionen, *romarias,* an die Stätten der Wunder und Heiligen. Viele Gläubige zieht es nach Juazeiro, denn hier lebte und predigte Padre Cícero, *O padim,* der kleine Pater, der Lahme laufen und Blinde sehen machen konnte. Nun steht er oberhalb der Stadt als gipsweißes Standbild, 25 m hoch. *Ca. 550 km südlich*

Praia do Futuro [115 D2]

🏃 Reges Strandleben, und das nonstop. Jeder Teutone sieht bald wie ein gesotteter Krebs aus. Deshalb die Sonnenschirme nicht verachten! Lassen Sie sich kühles Bier bringen, Holzbrett und Schlegel – und frische Krebse zum Knacken. *8 km*

OLINDA

[115 E4] ★ *»O, linda!«*, »O, Schöne«, dieser begeisterte Ausruf beim Anblick des Ortes gab ihm der Sage nach den Namen. Auch heute noch ist das nachvollziehbar. Auf einer Anhöhe über dem Meer gelegen, besitzt diese Stadt neben Ouro Preto und Parati das geschlossenste barocke Stadtbild unter dem brasilianischen Kreuz des Südens. Die Stadt (380 000 Ew.) liegt nur 7 km vor den Toren Recifes, lohnt aber einen längeren Aufenthalt.

SEHENSWERTES

◣◢ Die Kopfsteinpflastergassen hinaufsteigen und die Stadt auf eigene Faust entdecken – hier können Sie es, denn der alte Stadtkern ist für den Normalverkehr gesperrt. Die frühere Hauptstadt Pernambucos wurde 1537 gegründet, im *Mosteiro de São Bento* entstand 1827 die erste Rechtsschule Brasiliens. Einige Räume des Klosters und die Holzschnitzereien der Kapelle sind zur Besichtigung geöffnet.

Vom Vorplatz der Kathedrale *Igreja da Sé* genießen Sie einen ◣◢ tollen Blick über Stadt, Meer und Küste. Der berühmteste der Erzbischöfe von Olinda und Recife war der sozial engagierte Dom Hélder Câmara. Im früheren bischöflichen Palast befindet sich jetzt das *Museu de Arte Sacra de Pernambuco*. Hügelan geht's zur Kirche der Jesuiten, *Nossa Senhora da Graça* mit ihrer schlichten Fassade. ◣◢ Das Franziskanerkloster mit der Kirche *Nossa Senhora das Neves* liegt dekorativ am Hang. Es ist wegen der bemalten Kacheln *(azulejos)* sehenswert.

Kloster São Francisco in Olinda

ESSEN & TRINKEN

Goya
Speisen unter Kunstobjekten – die Köche sind auch Künstler. Languste oder Bacalhau sind hier angesagt, immer mit regionalem Touch. *Di geschl., Rua do Amparo 157, Tel. 081/34 39 48 75, €€*

Inside Tipp

EINKAUFEN

Feira de Arte e Artesanato
Volkskunst wie in Recife, aber in geringerer Auswahl. Bilder der Künstlerkolonie Olinda. *Hauptsächlich am Wochenende, Alto da Sé*

ÜBERNACHTEN

Pousada do Amparo
Koloniales Schmuckkästchen mit 13 Apartments. *Rua do Amaparo 199, Tel. 081/34 39 17 49, Fax 34 29 68 89, www.pousadoampa ro.com.br, €€*

Pousada dos Quatro Cantos

Eine charmante Herberge im Gassengewirr Olindas. Am besten sind die Zimmer mit Veranda. *15 Zi., R. Prudente de Morais 441, Tel. 081/ 34 29 02 20, Fax 34 29 18 45, €*

AM ABEND

Beim Bummel durch die stimmungsvollen Altstadtgassen lässt sich in manches Künstleratelier ein Blick werfen. Musik liegt in der Luft, immer wieder schallt aus einer der Kneipen eine Serenada.

ZIELE IN DER UMGEBUNG

Igarassu [115 E4]
Altes Kolonialdorf, etwas heruntergekommen; in der Nähe die Überreste einer Zuckerrohrplantage aus dem 18. Jh. *30 km nördlich*

Itamaraca [115 E4]
Auf der Insel finden sich die älteste Zuckermühle der Holländer und ein stattliches Küstenfort, Fort Orange, das sich in den smaragdgrünen Fluten des Ozeans spiegelt. Ein beliebtes Naherholungsgebiet der Recifenser, die immer mehr Wochenendhäuschen unter die Kokospalmen setzen. *40 km nördlich*

RECIFE

[115 E4] Metropole des Nordostens (1,4 Mio. Ew.), Einfallstor der Charterflieger und Hauptstadt der traditionsreichen Provinz Pernambuco. Ursprünglich fungierte das Riff *(recife)* als Hafen von Olinda, bis es sich in der ersten Hälfte des 17. Jhs. unter den Holländern rasant entwickelte. Statt »Riff« trug die Stadt

Frevo-Tänzerin in Olinda

einmal den Namen »Moritzburg«, und die gebildeten Pernambucaner sind heute noch stolz darauf. Denn es war Moritz von Nassau, der im Auftrag der holländischen Westindischen Compagnie den Landstrich in Besitz nahm, um ihn für den Anbau von Zuckerrohr urbar zu machen. Moritz von Nassau holte Künstler und Wissenschaftler nach Brasilien und förderte das friedliche Zusammenleben von Menschen aller Rassen und Religionen. Den holländischen Pfeffersäcken ging das zu weit, und sie beriefen ihren Statthalter ab. Nicht lange darauf zerfiel die Kolonie, und die Portugiesen eroberten Pernambuco zurück.

Geblieben ist die Monokultur des Zuckerrohrs, das auf dem fruchtbaren Küstenstreifen wie ein tiefgrünes Meer unter dem azurnen Himmel wogt. Und geblieben sind die Bauwerke, die Moritz von Nassau einst errichten ließ, um aus Recife ein zweites Amsterdam zu machen.

Altstadt

Tagsüber herrscht in der Altstadt ein überbordendes Menschengewühl. Lassen Sie sich in der Menge treiben. Anhaltspunkte mögen die barocken Kirchen und Klöster sein. Das renovierte alte Zentrum von Recife liegt auf einer Halbinsel, die mit der Hafenvorstadt und der Neustadt durch viele Brücken verbunden ist. An der Spitze der Halbinsel liegen der *Regierungspalast,* das *Teatro Santa Isabel* und der *Gerichtshof.* Die belebte *Avenida Dantas Barreira* führt ins Herz der Altstadt, das beim *Convento do Carmo* (Karmeliterkloster) und auf dem *Patio de São Pedro* schlägt, einem schön restaurierten Kirchenvorplatz mit Kneipen für eine Ruhepause. Die Kirche *São Pedro dos Clérigos* liegt an der Stirnseite des Platzes und hat eine imposante Fassade im Stil des lusitanisch-brasilianischen Barock. Die achteckige Kuppel birgt illusionistische Deckenmalereien.

Das *Convento de Santo Antônio* (Rua do Imperador) beherbergt die kostbar ausgestattete *Capela Dourada.* Im Viertel Santo Antônio liegt auch das sternförmige *Forte Cinco Pontas* (Fort der fünf Spitzen), das die Holländer erbauten und in dem sie dann ihre Kapitulation unterzeichnen mussten (heute Museum).

Museu do Homem do Nordeste

★ Die Geschichte der Sklaverei und Zuckerwirtschaft ist instruktiv dargestellt. Dazu schöne brasilianische Volkskunst. *Di–Mi und Fr 11 bis 17, Sa/So 13–17 Uhr, Av. 17 de Agosto 2187 (Casa Forte), weit vom Zentrum, am besten per Taxi*

Bargaço

Insider Tipp

Fisch in allen Variationen. Besonders *peixada,* eine Fischsuppe, ist zu empfehlen. Sie stellt jede Bouillabaisse in den Schatten. *Av. Boa Viagem 670, Tel. 081/34 65 18 47,* €€

Porção

Exzellente Rodízio-Portionen. *Av. Domingos Ferreira 4215, Boa Viagem, Tel. 081/34 65 39 99,* €€

Tasca

Regionale Meeresküche, meist gut besucht und stimmungsvoll. *R. dom José Lopes 165, Boa Viagem, Tel. 081/33 26 63 09,* €€

Strandabenteuer

Beim Baden ist Vorsicht immer geboten

Der Tourist schien sich ganz sicher. Seine persönlichen Sachen pflanzte er samt Kamera obenauf in den Sand und ging rückwärts ins Wasser: Kamera und Klamotten immer fest im Blick. Bis eine Welle heranrauschte und irgendwer ihn länger unter Wasser hielt. Als der umsichtige, um sein Habe fürchtende Tourist wieder auftauchte, waren seine Sachen am Strand verschwunden …

EINKAUFEN

Der Nordosten Brasiliens liefert die schönste Volkskunst, sorgfältig gearbeitet, phantasievoll in Entwurf und Farbe. Am besten erstehen Sie solche Souvenirs im alten Gefängnis, heute *Casa da Cultura.* Das Gebäude ist ein eindrucksvolles Beispiel zweckgerichteter Barockarchitektur. In den Zellen finden Sie heute Schnäppchen: Klöppel- und Stickarbeiten, Holzplastiken, Lehmfiguren und Hängematten gehören zum reichen Angebot. Im Gefängnishof improvisierte musikalische Ständchen. *Rua Floriano Peixoto*

Insider Tipp

ÜBERNACHTEN

Sie müssen sich entscheiden, ob Sie in der Altstadt wohnen möchten oder an Recifes »Copacabana« Boa Viagem, wo sich die meisten Touristenhotels befinden. Dort liegen die besseren Herbergen, die Auswahl ist größer, der Strand nahe.

Novotel Chaves Recife

Das moderne Mittelklassehotel befindet sich an der Praia de Piedade in ruhiger Lage mit wunderbarem Strandblick. *108 Zi., Av. Bernardo Vieira de Melo 694, Tel. 081/ 34 68 43 43, Fax 34 68 43 44,* €€

AM ABEND

Diskos, Nachtclubs *(boîtes)* und Nepplokale sind die bedauerlichen Folgen des Massentourismus, der auch vor Recife nicht Halt gemacht hat. Eindeutige Offerten für allein stehende Herren gehören dazu. Treffpunkt am Abend ist nun wieder die Hafenvorstadt mit ihren Pinten und Kneipen, die aufwändig saniert wurde.

Insider Tipp

AUSKUNFT

Sevagtur

Rua Setúbal 60 (Boa Viagem), Tel. 081/ 325 31 77
Internet: www.vejarecife.com.br

Der Vorort Boa Viagem ist Recifes Strandmeile

ZIELE IN DER UMGEBUNG

Insider Tipp **Caruaru** [115 E4]

Die Provinzstadt (160 000 Ew.) in den Bergen bildet einen harten Kontrast zum tropischen dolce far niente an der Küste. Hier spüren Sie den Herzschlag des trockenen Teils des Nordostens. Die Stadt ist berühmt für ihre Bänkelsänger und Lehmfiguren. *135 km westlich*

Fernando de Noronha [115 F2]

Der östlichste bewohnte Punkt Brasiliens liegt im Südatlantik, rund 200 km vor der Küste und 525 km von Recife: das sind 18 felsige Quadratkilometer unter Naturschutz. Hier leben 1500 Insulaner, es gibt viele private Pousadas und ein Gästehaus, ein US-Relikt aus dem Zweiten Weltkrieg. Die Insel ist etwas für Tauchfreaks und solche, die »schon alles gesehen haben«. Ein teures Vergnügen, das aber auch besonders Apartes einschließt – etwa Tieftauchen für Nichtschwimmer. *Tägliche Flugverbindung von/nach Recife bzw. Natal, Buchung über Reisebüros, eine ziemlich üppige Umweltsteuer ist bei der Anreise in bar (Landeswährung!) zu entrichten*

Genipabu [115 E3]

★ Die majestätischsten Sanddünen Brasiliens sind die Attraktion von Genipabu, das eine Autostunde von Natal entfernt liegt. Abenteuerlich ist bereits die Fahrt dorthin. Um den Rio Potengi zu überqueren, werden Autos auf Flöße verfrachtet. Das Abenteuer geht weiter im angemieteten Beach Buggy, der die bis zu 30 m hohen Dünen wie in einer Achterbahn rauf und runter rast. Der strahlend weiße Sand ist so fein, dass man die Düne auch

Buggyfahrt in den Dünen von Natal

einfach auf einem Stück Holz wie auf einem Schlitten heruntersausen kann. Am Fuß der Düne fällt man direkt ins warme Wasser. Auch **Insider Tipp** auf **Dromedaren kann man die Dünen besiegen.** Hoteltipp: *Hotel Genipabu (Tel. 084/225 20 63, €)*, Buggy-Vermietung, *Tel. 225 21 54. 330 km nördlich*

João Pessoa [115 E4]

Die Hauptstadt (250 000 Ew.) des Nachbarstaats Paraíba bietet hübsche Kolonialbauten und schöne stadtnahe Strände. *120 km nördlich*

Natal [115 E3] **Insider Tipp**

Eine weitere Perle in der 8000 km langen Kette tropischer Strände. Die Hauptstadt von Rio Grande do Norte hat mit einer fast 100 m hohen Düne, die direkt ins Meer stürzt (Sand-Skilaufen!) eine besondere Attraktion zu bieten. Faszinierend sind Dünenfahrten mit VW-Buggies – die Sie nur mit Fahrer mieten können. *300 km nördlich*

SALVADOR DA BAHIA

[115 D6] Cidade do São Salvador da Bahia de Todos os Santos, das ist der vollständige Name der »Stadt des Erlösers an der Bucht aller Heiligen«. Die schwarze Seele Brasiliens nistet in ihren Mauern. 1549 wurde Salvador gegründet und blieb 200 Jahre lang Hauptstadt des tropischen Reichs, bis Rio de Janeiro 1763 die Krone an sich riss. Fast alle Bewohner von Salvador (2,5 Mio. Ew.) sind Nachkommen afrikanischer Sklaven. Die Sklaverei wurde erst 1889 aufgehoben, aber sie hat bis heute tiefe Spuren in der Volksseele hinterlassen. Dazu gehört vor allem die Identifikation mit den uralten afrikanischen Traditionen, Riten und Rhythmen, die den Sklaven die Kraft zum Überleben gaben. Karneval, *capoeira* (ein Kampftanz) und *candomblé* (ein religiöser Kult) sind die Elemente einer Kultur des Widerstands. Auch heute noch wirkt die sinnliche Volkslust Salvadors auf viele Besucher aus dem so anders gearteten Europa wie ein Kulturschock.

SEHENSWERTES

Oberstadt

★ Die Altstadt besteht aus zwei Etagen, die durch einen Lift (und einen Schrägaufzug) verbunden sind. Die schönsten Gassen, Plätze und Kirchen befinden sich in der Oberstadt. Genießen Sie den Blick vom ◊ »Balkon« Bahias, der *Praça Tomé de Souza* gleich neben dem Regierungspalast *Palácio Rio Branco*. Von dort schlendern Sie über die Rua Misericórdia zur *Praça da Sé* mit dem *Bischofspalast* und weiter

zur *Praça Anchieta,* in deren Umkreis sich einige der schönsten Kirchen Salvadors befinden. Die 1672 vollendete Kirche des ehemaligen Jesuitenkollegs ist heute *Kathedrale (Terreiro de Jesus).* Sie hat eine prächtige vergoldete Kassettendecke, die Sakristei hinter dem Chor gilt als schönste ganz Lateinamerikas. *Kirche und Kloster der Franziskaner* befinden sich am Ende des *Terreiro de Jesus* in einer kurzen Stichstraße. Üppig vergoldetes Schnitzwerk überzieht den Innenraum. Links neben der Klosterkirche liegt die Kirche des Laienordens, *Igreja da Ordem Terceira de São Francisco.* Ihre über und über mit Figuren und Ornamenten geschmückte Fassade ist einzigartig im brasilianischen Barock.

Den *Pelourinho* (der »Platz zum Auspeitschen«), den alten Sklavenmarkt und Treffpunkt der Händler, erreichen Sie über zwei schmale Gassen von der Praça Anchieta aus. Der steile, mit Katzenköpfen gepflasterte Platz mit den schönen Barockhäusern, wurde mit Geld aus dem UN-Kulturfonds instandgesetzt. Vom unteren Ende des Pelourinho steigt eine Gasse hoch zum *Karmeliterkloster* (16.–19. Jh.).

Unterstadt

Die Straßen säumen Bankpaläste des 19. Jhs. – nur umgesetzt wird heute nicht mehr viel. Am Hafen der *Mercado Modelo,* ursprünglich ein Sklavenmagazin und später das Zollamt, mehrfach abgebrannt und wegen der Touristen nun wieder aufgebaut. Er ist voll gestopft mit Souvenirläden – aber eine Pause im Terrassenlokal *Maria de São Pedro* mit dem schönen ◊ Blick auf das Treiben im Hafen lohnt sich.

MUSEEN

Museu de Arte Sacra

Eine wichtige Sammlung sakraler Kunst im ansehnlich renovierten ehemaligen Karmeliterkloster. *Mo bis Fr 12.30–17.30 Uhr, Rua de Sodré 276*

Museu da Cidade

Das kleine Museum in einem kolonialen Eckhaus öffnet Besuchern die Augen über das dunkle Kapitel der Sklaverei und die kreative Phantasie ihrer Opfer. *Di–Fr 10–18, Sa/So 13–17 Uhr, Largo do Pelourinho 3*

ESSEN & TRINKEN

Die Bahia-Küche mit ihrer Schärfe und Süße verdient eigentlich ihren besonderen Platz im Gourmethimmel. Sie sollten Sie unbedingt kosten! Kleine Lokale zum Schlemmen und Feiern gibt es jede Menge in der barocken Altstadt.

De Comer

Bahia-Küche, Meeresfrüchte im nördlichen Strandviertel Itapoã; der Weg lohnt. *Tel. 071/249 98 23,* €

Jardim das Delícias

Restaurant, Antiquitätenladen und Café, Bahia-Küche. *R. João de Deus 12, Tel. 071/322 70 68,* €€

Solar do Unhão

Insider Tipp

Ehemaliges Magazin mit Zuckermühle und Hauskapelle, direkt am Wasser. Abends Folkloreshow. Aus Gründen der Sicherheit besser nur mit Taxi ansteuern. *So geschl., Av. do Contorno, Gamboa, Tel. 071/329 55 51,* €€

EINKAUFEN

Largo do Carmo

Gegenüber der Klosterkirche finden sich einige gut gestaltete Läden mit großer Auswahl an rohen, geschliffenen und gefassten Edelsteinen.

Blick vom Pelourinho auf Salvadors malerische Altstadtgassen

Mercado Modelo

Auch wenn die vielen Händler recht aufdringlich sein können, ein Besuch lohnt sich, denn hier finden Sie alles, was das Herz begehrt: Tücher, Taschen, Spitzen, Musikinstrumente, Kitsch, Krims und Krams.

ÜBERNACHTEN

Catharina Paraguaçu

Malerisches Hotel in einem Kolonialpalast mit Anbau im Viertel Rio Vermelho, die Zimmer im alten Teil sind besser. *29 Zi., Rua João Gomes 128, Tel./Fax 071/334 00 89,* €€

Catussaba

Neues, komfortables Strandhotel an der Praia de Itapoa. *133 Zi., Alameda da Praia de Guarita 101, Tel. 071/374 05 55, Fax 374 47 49, www.catussaba.com.br,* €€€

Enseada das Lajes

Intimes, komfortables Hotel auf einem Hügel an der Bucht von Praia do Rio Vermelho. Exzellenter, sehr persönlicher Service. *9 Zi., Av. Oceânica 511, Morro da Paciência, Tel. 071/336 10 27, Fax 336 06 54,* €€

FREIZEIT & SPORT

Die Strände sind mit dem Bus zu erreichen. Es gilt die alte Regel: Je weiter stadtauswärts, desto sauberer! Das Baden ist erst ab *Farol da Barra,* dem Leuchtturm von Barra, empfehlenswert. Die besten Strände im Einzugsbereich der Stadt sind (in Flughafennähe) am *Farol de Itapoã.* An der *Praia de Itapoã,* dem viel besungenen Strand der Verliebten, ist der Sand besonders fein, der Surfwind immer richtig und der Atlantik besonders weit und blau.

AM ABEND

Die Teilnahme an einer ★ *Macumba* oder *Candomblé-Séance* sollten Sie sich in Salvador nicht entgehen lassen. Die Hotels bzw. Reisebüros wissen am besten, welches *terreiro* gerade Besucher zulässt und welche *Mãe dos Santos* (Mutter der Heiligen) sich dazu herablässt.

Capoeira, der tänzerische Kampfsport der Sklaven, dürfte für steife Nordländer kaum zu erlernen sein, wenngleich es inzwischen auch in Deutschland Schulen gibt, die den eleganten, akrobatischen Kampfsport unterrichten. Für die Unvorbereiteten ist ein Versuch mit Samba und Lambada zu empfehlen. *New Freds, ab 22 Uhr, Rua Visconde de Itaboraí 125, Amarelina*

Im Strandviertel Rio Vermelho trifft sich die Boheme in der Künstlerkneipe *Musqueca das Estrelas (Di–Sa ab 20 Uhr, Rua da Paciência 263, Tel. 071/332 01 07).* 🏃 Sonst ist die Altstadt *(Pelourinho)* mit ihren Musikkneipen für Nachtschwärmer das richtige Pflaster.

AUSKUNFT

Disque Turismo

Nur tel. Auskunft, 7–24 Uhr, Tel. 071/131, www.emtursa.ba.gov.br

ZIELE IN DER UMGEBUNG

Cachoeira   [121 E1] Insi Tip

Verträumtes Kleinod der Kolonialarchitektur. Sie können im früheren Kloster wohnen, mit Pool und stillem Innenhof *(Pousada do Convento, Rua Inocêncio Boaventura, 26 Zi., Tel. 075/725 17 16,* €€*).* Die alte Eisenbahnbrücke führt ins Nachbarstädtchen *São Felix,* aus

Akrobatik und Eleganz verbinden sich beim Kampftanz Capoeira

dessen Umgebung die Brasil-Zigarren kommen. Die alte Dannemannsche Tabakmanufaktur ist heute Kulturzentrum. *120 km nordwestlich*

Chapada Diamantina [121 D1]

400 km westlich von Salvador liegt das Tafelgebirge Chapada Diamantina, an seine Schulter schmiegt sich das barocke Städtchen *Lençóis*. Von dort zogen die Diamantensucher in die von Canyons, Höhlen und Seen zerklüfteten Berge. Auf ihren Spuren trekken heute sportliche Traveller. In Lençóis gibt es zahlreiche Pousadas. Trekkingagentur *Turismo Aventura, Tel. 075/334 13 14*

Costa do Sauípe [115 D6]

Luxus unter Palmen: In dem 2001 fertig gestellten Komplex locken fünf Nobelhotels, darunter das *Marriott (Tel. 071/465 30 00, www. costadosauipe.com.br, €€€)*. Sport wird groß geschrieben: 15 Tennisplätze, ein Golfplatz mit Sicht auf den Atlantik, Squash-Courts, meh-

rere Pools und ein Fußballfeld. Wenn sie noch Atem haben, reiten Sie die palmengesäumten Strände entlang oder tauchen im kristallklaren Wasser nach Korallen. Und die prachtvolle koloniale Altstadt von Salvador ist mit dem Mietwagen gerade mal eine Stunde entfernt.

Ilhéus [121 E2]

Die Hauptstadt des Kakaos hat schon bessere Zeiten gesehen. Unbedingt frischen Kakaosaft aus dem Fruchtfleisch probieren! Rundherum schöne Strände. *460 km südlich*

Itaparica [121 E2]

Die größte Insel der »Allerheiligen«-Bucht erreichen Sie mit einer Barke, die beim Mercado Modelo ablegt, oder in einer knappen Stunde per Autofähre. Im Kontrast zum quirligen Salvador bietet die Insel einfache, stille Fischerdörfer, ein Dutzend schöner Strände, zahlreiche urige Restaurants, Strandcafés und Hotels – auch einen Club Méd.

Praia do Forte [121 F1]

Die *Estrada de Coco* (Straße der Kokospalmen) führt vom Flughafen nach Norden. Auf dem Weg liegen zahlreiche kleinere Strandoasen bis Sie nach *Praia do Forte* kommen. Dies Ferienzentrum verfügt über ein reiches Angebot an guten Hotels sowie ein Naturschutzzentrum für Meeresschildkröten. 50 km

Porto Seguro/Trancoso [121 E3]

Hier »entdeckte« Pedro Cabral 1500 Brasilien. Einige historische Gemäuer wie das alte Gefängnis (heute Rathaus) und eine kleine Kirche aus dem 16. Jh. zieren die Oberstadt, deren Sträßchen immer wieder prächtige Aussichten auf die Strände bieten. Porto Seguro ist in der Karnevals- und Ferienzeit ziemlich überlaufen. Von hier aus nahm der Modetanz Lambada seinen weltweiten Siegeszug. Über 100 Hotels und Pousadas aller Preisklassen *(z. B. Portobello Praia, Estrada S. Cruz Cabrália, km 68, Tel. 073/ 879 29 11, Fax 879 23 20, €€)* reihen sich 23 km weit bis nach *Santa Cruz Cabrália* an den makellosen Stränden auf.

Die Steigerung tropischer Strandidylle erwartet den Besucher weiter südlich, jenseits des Rio Buranhém: *Trancoso.* Von Hippies in den 1970ern als verschlafenes Paradies entdeckt, zieht Trancoso heute eine Mischung aus esoterisch angehauchten Touristen und brasilianischen Promis an, die Erholung ohne Diskorummel und wildes Strandtreiben suchen. Eine der hier gestrandeten ist Elba Ramalho, ein Star der brasilianischen Pop- und Folkszene. Elba singt oft live in ihrer Bar am Quadrado, dem viereckigen Dorfplatz von Trancoso *(Pousada Capim Santo, Quadrado, Tel. 073/668 10 42, €). 700 km südlich*

Sᾶo Luís

[114 A–B2] São Luís (867 000 Ew.) ist die Hauptstadt des Staats Maranhão, der so groß ist wie Frankreich. Franzosen waren es auch, die São Luís zur Hauptstadt ihrer Kolonie machten, und sich mit Holländern im 17. und 18. Jh. um den Besitz stritten. Das koloniale Stadtbild ist

Nicht so voll wie Salvadors stadtnahe Strände – die Praia do Forte

noch erstaunlich geschlossen. Der »Balkon« der Stadt, die *Praça Benedito Leite,* bietet eine hübsche  Aussicht über die roten Ziegeldächer und die Baia de São Marcos. In São Luís geht es weniger hektisch zu als in anderen brasilianischen Städten vergleichbarer Größe.

SEHENSWERTES

Centro Histórico

Ein Spaziergang durch die Gassen der oberen Altstadt mit dem Besuch der barocken Kirchen oder des Löwenpalasts aus dem 18. Jh., heute Sitz des Gouverneurs, lohnt sich; vorbei an vielen Brunnen, mit einer Ruhepause auf der schattigen Praça Dom Pedro. Die benachbarte Unterstadt *Praia Grande* wurde mit ihren rund 300 kachelgeschmückten Kolonialbauten restauriert und in eine Flaniermeile mit Dutzenden von Kneipen verwandelt.

Insider Tipp

MUSEUM

Centro de Cultura Popular

Ausstellungszentrum der Volkskunst von Maranhão, die hier auch erworben werden kann. *Di–Sa 9–19 Uhr, Rua do Giz 221, Praia Grande*

ESSEN & TRINKEN

Base do Rabelo

Interessante Regionalküche. *Av. dos Holandeses 144 (Calhau), Tel. 098/248 62 44,* €

Cabana do Sol

Restaurant am Leuchtturm (Farol) de San Marcos – unbedingt das sonnengetrocknete Fleisch, *carne del sol,* probieren. *Rua João Damasceno 24a, Tel. 098/235 25 86,* €

Kachelschmuck in São Luís

ÜBERNACHTEN

Sofitel São Luís

Fünf-Sterne-Hotel. *109 Zi., Praia do Calhau, Tel. 098/216 45 45, 0800/703 70 00 (frei), Fax 235 49 21, www.accorbrasil.com.br,* €€€

Vila Rica

 In der oberen Altstadt, angenehm. *213 Zi., P. Dom Pedro II 299, Tel. 098/232 35 35, Fax 232 72 45, www.hotelvilarica.com.br,* €€

AUSKUNFT

Maratur

Rua Djalma Dutra 61-A, Tel. 098/232 53 55; www.saoluis.ma.gov.br

ZIEL IN DER UMGEBUNG

Alcântara   [114 A2]

Insider Tipp

Koloniale Geisterstadt auf der anderen Seite der Bucht. Nur noch wenige Menschen wohnen in den Halbruinen des 18. Jhs. Nostalgische Atmosphäre und in der Umgebung schöne Strände. Anfahrt nur mit dem Boot. *Anlegestelle unterhalb des Centro Histórico, Abfahrt 8 Uhr, zurück 13–15 Uhr je nach Tide, Dauer der Überfahrt ca. 1 Std.*

Zu Wasser, zu Lande und in der Luft

Die Touren sind in der Karte auf dem hinteren Umschlag und im Reiseatlas ab Seite 110 grün markiert

1 **LUFTIGE BRÜCKE: RIO – SÃO PAULO UND ZURÜCK**

Dem profanen Umstand, dass der Flugzeug-Pendelverkehr zwischen Rio und São Paulo seit 1959 unfallfrei funktioniert, stehen das Prickeln und ein Gefühl von Überwältigung gegenüber, die einen beim Abflug in Rio und beim Flug die Küste entlang unweigerlich packen.

In der Wandelhalle von Santos Dumont, dem Inlandsflughafen von Rio, herrscht vor Sonnenaufgang bereits geschäftiges Treiben. Die erste Boeing 737 der *Ponte Aerea,* der Luftbrücke nach São Paulo, startet um 6 Uhr, und von da an heben die Maschinen im Abstand von dreißig Minuten ab. Vom Wartesaal bis zur Maschine sind es keine 100 m.

Der Kapitän lässt die Boeing bei Westwind bis ans äußerste nördliche Ende der Startbahn rollen. Mit einem Kavalierstart fegt die Maschine davon. Die Rollbahn in Santos

Nur langsam mischen sich die Wassermassen am Zusammenfluss von Rio Solimões und Rio Negro

Dumont ist nur 1300 m lang, und kurz nach dem Abheben gilt es, den Vogel in eine steile Linkskurve zu legen. Trotzdem kommt das Flugzeug dem glatzköpfigen Zuckerhut so nahe, dass Sie den Gipfeltouristen zuwinken können. Am besten also haben Sie sich einen Platz in der rechten Fensterreihe ausgesucht. Und dann erblicken Sie die weltberühmten Strände von Copacabana und Ipanema und schauen hinab auf das Badegetümmel der Menschen, die von hier oben Ameisen gleichen. Im Hintergrund die grünen Gipfel des Küstengebirges, tief unten die aquamarinblaue See. Die Boeing spult alle Buchten, Inseln und Lagunen ab, bis sie genügend Höhe gewonnen hat und, nun stramm auf Westkurs, bei der Ilha Grande die Küstenkordillere überwindet. Dann schiebt sich auch schon die gelbgraue Riesenpizza namens São Paulo ins Bild.

Die Luftbrücke zwischen Rio und São Paulo wurde am 6. Juli 1959 eröffnet. 51 Mio. Passagiere haben die Maschinen der *Ponte Aerea* seither unfallfrei befördert. Das ist ein Weltrekord an Zuverlässigkeit und Sicherheit. Der Einfachflug kostet derzeit rund 130 Euro, doch

Hochhäuser im Zentrum von São Paulo

es gibt am Wochenende und mittags auch Sonderangebote der Luftlinien Varig, Vasp/GOL und Tam, die bis zu 50 Euro hinunterreichen.

2 ENTLANG DER »GRÜNEN KÜSTE« RIO–SANTOS

Die Costa Verde (»Grüne Küste«) zwischen Rio de Janeiro und Santos wird zu Recht als brasilianische Riviera gerühmt. Die Küstenstraße (BR 101/SPO 55) schlängelt sich 573 km von einer Meeresbucht zur nächsten – im Schatten des dicht bewaldeten Küstengebirges und durch eine Reihe von bezaubernden Kolonialstädten. Mit dem Bus kann die Strecke in zwei Tagen bequem zurückgelegt werden, aber überall laden Strände und Inseln zum längeren Bleiben ein.

Die Reise beginnt auf Rios Busbahnhof *Rodoviário Novo Rio (Av. Francisco Bicalho 1 – beim Hafen, Tel. 021/291 51 51)* oder – in Gegenrichtung – auf dem *Busbahnhof von Santos (Praça dos Andradas 45)* – alle halbe Stunde Anbindung an São Paulo: ca. 60 Min. Fahrzeit. Die Busgesellschaft *Costa Verde (Tel. 233 38 09)* bedient die Strecke Rio–Santos etwa alle zwei Stunden.

Durch die wenig attraktiven Vorstädte Rios erreicht der Bus nach ca. 90 Minuten *Itacuruçá* (82 km) mit der gleichnamigen vorgelagerten Insel in der Sepetiba-Bucht. Auf der Insel gibt es zwei schöne Hotels: *Elias (30 Zi., Tel./Fax 021/ 22 53 74 44, €€€)* und *Pierre (51 Zi., Tel./Fax 021/32 53 41 02, €€)*, die die Gäste per Boot vom Pier abholen lassen. Im Ort Itacuruçá zahlreiche billige Absteigen. Lohnende Bootsrundfahrt (6 Std.) um 10.30 Uhr.

Der nächste Ort ist *Mangaratiba* (105 km), in dessen Umgebung sich sowohl ein Club Méditerranée

(Village Rio das Pedras, 324 Zi., Tel. 0800/21 37 82, Dez.–Feb. oft überbucht, €€€) als auch zwei komfortable Resorthotels befinden *(Portobello Hotel Resort, 86 Zi., Tel. 0800/11 86 18, €€€; Porto Real Resort, 40 Zi., Tel./Fax 021/ 523 12 12, €€€)*, die alle über zahlreiche Sport- und Freizeiteinrichtungen verfügen.

Nach 151 km erreicht der Bus *Angra dos Reis*, die nächste Perle auf der Kette der Hafenstädtchen an der »Grünen Küste«, ein Mini-Monaco von Brasilien. Der Ort mit immerhin fast 100 000 Einwohnern besitzt eine ausgefeilte touristische Infrastruktur, wozu zwei Dutzend Hotels und Pousadas zählen – angefangen vom noblen *Frade Golf Resort (140 Zi., Tel./Fax 021/ 369 22 44, €€€)* bis zur *Pousada Martim Pescador (5 Zi., Tel. 021/ 325 36 52, €)*. Die Zahl der Inseln und Inselchen vor Angra dos Reis, davon viele in Privatbesitz, geht in die Hunderte, doch eine, die *Ilha Grande (S. 35)*, dürfen Sie auf keinen Fall verpassen.

Nach 265 km sind Sie in Parati (30 000 Ew.), einem zauberhaften Kleinod kolonialer Architektur aus jener Zeit, als die Maultierkarawanen mit dem Gold über die steile, fast 2000 m hohe Küstenkordillere und den dichten Urwald (»Mata Atlântica«) hinabstiegen, und der Reichtum in Parati verschifft wurde. Der historische Kern der Stadt ist autofrei. Das herrliche Architekturensemble steht unter Denkmalschutz. Die prächtigen Herrenhäuser, *solares*, mit ihren Innenhöfen sind zum großen Teil als rustikale oder ausgesprochen edle Hotels/Gasthöfe renoviert worden – drei Dutzend mögen es ein. Besonders schön: *Pousada da Marquésa (28 Zi., Tel./Fax 011/813 34 33, www. paraty.com.br/marquesa.htm, €€)*.

Wenige Kilometer westlich von Parati verlassen Sie den Bundesstaat Rio de Janeiro und erreichen den Bundesstaat São Paulo. Bald macht sich bereits der Einfluss der 12-Mio.-Metropole durch zahlreiche Bungalowsiedlungen bemerkbar. *Ubatuba* (323 km) hat noch seinen Charme als Fischerort bewahrt – trotz der zahlreichen Hotels und Pousadas und der hervorragenden Fischlokale. Von Ubatuba fahren täglich mehrmals Busse direkt nach São Paulo; das gilt auch für *Caraguatatuba* (371 km).

São Sebastião (408 km) und die nahe gelegene *Ilha Bela* (Schöne Insel), zu der in kurzen Abständen eine Autofähre übersetzt (Überfahrt: 15 Min.), sind in der Sommersaison meist von Paulistas, den Bewohnern von São Paulo, überlaufen.

Bertioga (508 km) und *Guarujá* 30 km weiter sind bereits ausgesprochene Naherholungszentren von São Paulo mit endlosen Stränden, aber auch zahlreichen Bungalowsiedlungen und Hochhausgebirgen. Guarujá ist die Copacabana der Paulistas.

Um nach Santos zu gelangen, müssen Mangrovensümpfe und Industriekombinate umfahren werden. Sie können auch den Bus verlassen und mit einer Fähre (etwa 10 Min.) über den Flussarm Estuario de Santos, der zum größten Hafen Südamerikas ausgebaggert wurde, fahren. Von Santos aus gibt es alle halbe Stunde eine Busverbindung nach São Paulo. Die Fahrzeit beträgt 90 Minuten – bei Stau kann es doppelt so lange dauern. Gesamtpreis: 25 Euro.

Auf Stelzen im Amazonas: Flussdorf bei Manaus

3 AMAZONASSCHAUKEL

Sie müssen keine Abenteuertouren in unerforschte Dschungelregionen absolvieren – schon allein die Begegnung mit der »grünen Hölle« des Regenwalds und des Amazonas zwischen Manaus und Belém geht tief unter die Haut. Die Strecke von Manaus nach Belém ist in der ersten Klasse (offenes Oberdeck) mit rund 130 Euro zu veranschlagen. Sie buchen an Ort und Stelle, nach Möglichkeit schon ein paar Tage im Voraus an der Pier. Die rund 1800 km lange Strecke wird in ca. 60 Stunden (drei Tage und zwei Nächte) bewältigt.

Auf der schwimmenden Pier von Manaus *(S. 63)* wimmelt es von Menschen. Die »São Bartolomeu« schaukelt am Kai: *Saída hoje, 16.00hs* – Abfahrt also heute, 16

Uhr. Angesteuert werden die Orte Parintins, Juruti, Óbidos und Santarém. Die »São Bartolomeu« ist eines von den Dutzenden bananenkrummen Schiffen, die täglich Passagiere und Fracht auf dem Amazonas zwischen den beiden Metropolen Manaus und Belém hin- und herschippern.

Das lärmende Volk hat die beiden Decks des Schiffes längst erobert. 115 Passagiere und acht Mann Besatzung soll die »São Bartolomeu« offiziell tragen können. Sind es nicht schon dreimal mehr? Das Deck gleicht einem unaufgeräumten Schnürboden im Theater. Und man spielt ein Lustspiel, so viel ist klar.

Sie befinden sich auf einem stolzen Schiff mit alterskrummen Planken; 30 m mag es in der Länge messen und 5 m wohl in der Breite. Tief in seinem Bauch rumpelt ein Dieselmotor, um ihn herum sind Treibstofffässer und Zuckersäcke verstaut; im Unterdeck drängen sich die billig Reisenden. Vornehmer ist das Oberdeck mit Brücke und Bar, mit vier winzigen Passagierkabinen und sogar einer Aussichtsterrasse am Heck: eine *gaiola,* ein schwimmender »Vogelbauer«, wie die Leute die Doppeldecker mit den offenen Relings bezeichnen. Frische Luft weht von allen Seiten herein, breite Borde an der Außenwand des Schiffs spenden Schatten wie die Krempen der echten Panamahüte.

Und dann: Manaus, ade! Rufe, Schreie, Autohupen, dann erstirbt der Lärm von drüben aus der Stadt. Der monotone Bass der Schiffsmotoren setzt nun ein. Während sich eben noch die Bilder jagten, scheint der Film jetzt langsam in Zeitlupengeschwindigkeit zu wechseln. Und endlich streichelt Sie die kühle Abendbrise. Im Zwielicht durchpflügen Sie die Stelle, wo sich Rio Negro und Solimões zum Amazonas vereinigen. Kaffeeschwarzes Wasser trifft auf khakibraune Fluten. Sternen gleich wandern die Laternen anderer Schiffe vorüber, blitzen wie Kometen auf und versinken hinter der Erdkrümmung. Die Bar hat geöffnet.

Bald kriecht der Morgen kühl durch das Tuch. Die fernen Ufer ziehen blasse Bleistiftlinien. Der Bug weist nach Osten, dorthin, wo ein tiefes Rot den Tag ankündigt. Duft von frisch gebrühtem Kaffee steigt aus der Kombüse. In den Hängematten bahnt sich eine Metamorphose an. Es ruckt und zuckt, die ersten Glieder strecken sich hervor, ausgeruhte, frische Menschen schlüpfen aus dem Tuch und stoßen den Kokon wie eine schlaffe Haut von sich.

Auf halber Strecke, auf der Amazonas-Insel Tupinambarana, liegt *Parintins*, mit seinen 40 000 Seelen ein verschlafenes Nest, dessen Bewohner von der Viehzucht und dem Handel mit Tropenholz leben. Doch einmal im Jahr, in den letzten Junitagen, wenn die Hitze auf erträgliche 30 Grad abebbt, erwacht Parintins aus seinem Trott. Dann hat die Pier kaum Platz für all die Barken und Einbäume, die hier festmachen wollen. Der Ort schmückt sich zur *farra boi-bumbá* und wird von Hektolitern von Bier überschwemmt, dazu kommen so viele Besucher, dass jede Pritsche und jede Hängematte mehrfach belegt wird.

Insider Tipp

Bei diesem, dem Karneval ähnlichen Fest geht es um zwei rivalisierende Gruppen, die mit bunten Stiermasken hintereinander her tanzen. *Bumba meu boi* (»Hau meinen Stier!«) ist ein vielfältig variiertes Mysterienspiel und geht auf das 18. Jh. zurück.

Gewiss, in Parintins, Óbidos und Santarém – und noch in einem Dutzend weiterer verlorener Weiler – wird geankert und gebunkert: Doch der Weg ist das Ziel, eine Woche oder nur zwei, drei Tage auf dem Strom der Ströme unterwegs zu sein – das ist so ähnlich wie mit der Transsibirischen Eisenbahn zu reisen, bloß ein wenig heißer und viel, viel billiger.

Kaufen Sie sich vor Reiseantritt eine Hängematte (rund 10 Euro) und einen Vorrat an Trockenfutter (Getränke gibt es an Bord, das Essen ist genießbar), eine Rolle Klopapier, Kohletabletten und Insektenspray – und vergessen Sie nicht ein dickes Buch oder den Walkman mitzunehmen.

Fitness und Abenteuer

Für Leistungssport haben die Brasilianer nicht so viel übrig, aber wer wie sie fit bleiben und was erleben möchte, hat dazu alle Möglichkeiten

Brasilien ist ein Land des Körperkults, aber nicht unbedingt der olympischen Disziplinen. Und auch nicht unbedingt der »Wanderlust«. Hingegen ist das Land mit seinen 8000 km tropischen Stränden ein Paradies für Wassersportler. Wie überhaupt jeder Sport, mit Ausnahme der Wintersportarten, in Brasilien Anhänger hat. Das gesellige Beisammensein ist dabei ein ganz wichtiger Punkt – Einzelkämpfer sind in Brasilien weniger gefragt. Seit den Zeiten des legendären Airton Senna ist neben dem Fußball auch der Motorsport zu einer Leidenschaft der Brasilianer geworden. Die Rennstrecken in Interlagos und São Paulo sowie der *Nelson Piquet Car Race Track* in Rio sind Austragungsorte auch internationaler Rennen.

AEROBIC & GYMNASTIK

In Rio de Janeiro und den meisten brasilianischen Städten finden sich mehr *academias* (Fitnessstudios) als Kirchen. Der nationale Schönheitskult bringt Mann wie Frau dazu, jede freie Minute an Folterinstrumen-

An der Atlantikküste finden Surfer Spots aller Schwierigkeitsgrade

ten oder ohne sie, jedenfalls unter erheblicher Beschallung, die Muskeln zu stählen. Man braucht in Rio nicht lange nach der nächsten Bewegungstherapie zu suchen – wer will, kann gleich beim Einkauf im Rio Sul Center antreten: *Ibeas Top Club, Ebene G3-G4, Shopping Center Rio Sul, R. Lauro Müller 116.*

ANGELN

Wer in Brasilien angeln will, der kann es tun. Einen Angelschein braucht man nicht. Hochseeangeltouren sind über Reisebüros in Rio und São Paulo zu buchen. Guter Kontakt: *Fishing in Rio, Tel. 021/ 25 39 14 24* oder *Universidade da Pesca (Tel. 021/22 40 81 17).* Beliebt sind Angeltripps ins Pantanal bzw. auf die Amazonas-Nebenflüsse. In der Stadt Corumbá (Südpantanal) liegt ein Dutzend Schiffe vor Anker, die vor Ort auch von Gruppen gemietet werden können. Das Gleiche gilt für Manaus bzw. Belem.

BERGSTEIGEN

Rio de Janeiro ist die einzige Stadt weltweit, wo man am gleichen Tag alpines Bergsteigen wie Tieftauchen im Meer praktizieren kann. Auf Zuckerhut und Corcovado führen Routen bis zum Schwierigkeitsgrad III. Erste Anlaufadresse für Seilschaften sollte sein: *Brazilian Excursion Club (CEB), Av. Almirante Barroso 2, Zentrum, www.globocities. com/yosemite/2913, Tel. 021/ 22 52 98 44,* oder *Rio Walkers and Climbers, Rua do Catete 228, Tel. 021/25 57 90 79.*

DRACHENFLIEGEN

Wahrscheinlich gibt es nirgendwo auf der Welt eine solche Absprungchance: nämlich von Rios Felsen *Pedra Bonita* (520 m) über den Dschungel der Sierra und die Hochhäuser von São Conrado hinweg, um auf dem Strand des Atlantiks zu landen. Wer will, kann mitfliegen: Paul Celani, *Just Fly,* nimmt Passagiere (maximal 90 kg) gegen rund 100 Euro mit *(justfly@alternex. com.br, Tel./Fax 021/22 68 05 65). Saveiros Tours (Tel. 021/22 24 69 90, Fax 22 52 22 27, www.saveiros. com.br),* schleppt auch Drachenflieger übers Meer hinweg.

GOLF

Der *Gávea-Golf-Club* in São Conrado, *Rio, Estrada da Gávea 800 (18 Löcher), Tel. 021/24 94 25 07,* ist die erste Adresse des grünen Sports, in São Paulo ist es der *Clube de Campo, Praça Rockford 28 (18 Löcher),* beim Autódromo de Interlagos, *Tel. 021/529 31 11,* der *Mo bis Fr 8–16 Uhr* Nichtmitgliedern offen steht und für eine Partie inklusive Caddy rund 50 Euro berechnet. Die großen Resorthotels an der Atlantikküste verfügen durchweg über eigene Golfplätze.

HÖHLENFORSCHUNG

Der Bundesstaat Minas Gerais ist unter der Oberfläche so löchrig wie ein Schweizer Käse. Von Belo Horizonte (42 km nach Norden) kann z. B. die *Gruta da Lapinha* bei Lagoa Santa besucht werden *(tgl. 9–16.30 Uhr),* andere Grotten und Höhlen sind meist nur über schwierige Wegstrecken zu erreichen. Abenteuertouren organisiert in der Chapada Diamantina in Bahia *Venturas & Aventuras, São Paulo, Tel. 011/ 38 72 03 62* oder *Lençóis, Tel. 075/ 334 13 04, www.venturas.com.br*

RAFTING

Besonders im Bergland von Minas Gerais und im Südstaat Santa Catarina. Da liegt auch das beste Rafting-Paradies am Rio Itajaí. Ausgangspunkt ist dort Timbó (35 km westlich von Blumenau) und das gleichnamige *Park-Hotel, Tel. 047/ 382 22 72, www.timbopark.com.br.*

REITEN

Die *Sociedade Hipica,* der Reitclub von Rio, ist der vornehmste Zirkel der Metropole – da kommt man nicht so einfach rein. Aber ein Wochenende auf dem Rücken der Pferde können Sie sich trotzdem leisten. Es gibt immer mehr Landhotels (Hotel-Fazendas), die über einen eigenen Reitstall verfügen. Das gilt in erster Linie für den weit entwickelten Südosten Brasiliens und für den Bundesstaat Minas Gerais.

TAUCHEN

Um die der Copacabana und Ipanema vorgelagerten Felseninseln lie-

Mit dem Gleitschirm über Rios Stadtteil São Conrado hinweg ans Meer

gen die Tauchgründe der Clubs von Rio. Info und Ausrüstung: *Scuba Diving Instructors Center (CIMA), R. Muniz Marreto 356, Botafogo, Tel. 021/25 39 13 77.* Die Orte an der Costa Verde, z. B. Angra dos Reis und Parati, verfügen über viele Tauchclubs und -läden, in den großen Hotels der Atlantikküste und auf der Insel Fernando de Noronha werden Tauchkurse angeboten. Info: *Brazildiving, Tel. 021/ 22 75 98 64*

TREKKING

Um Rio de Janeiro herum führen Hunderte von Pfaden durch den tropischen Bergwald der Serra do Mar, insbesondere in den Nationalparks von Teressopolis und der Floresta de Tijuca. Ohnte Kenntnis des Geländes sollten Sie sich auf jeden Fall einer ortskundigen Gruppe anschließen: Informationen beim *Brazilian Excursion Club (CEB),* siehe »Bergsteigen«.

VOLLEYBALL

Im Beach-Volleyball ist Brasilien unschlagbar. Wer da was drauf hat, wird sich problemlos bei einem der unzähligen Teams, die jeden Tag an der Copacabana spielen, einreihen können. Allerdings wird ein Kasten Bier als Spende erwartet.

WASSERSPORT

Surfen ist an der ganzen Atlantikküste angesagt, die beste Brandung findet sich bei Florianópolis, Santa Catarina. Rios Surferparadies ist der Strand von *Grumari,* am westlichen Ende der Stadt. Wasserski wird in der Süßwasserlagune praktiziert, Jetski in der Barra de Tijuca. Wer mehr wissen will: Info beim *Club Turbarão Rio (Marina da Gloria, Tel. 021/22 65 53 42).* Segeltouren mit und ohne Skipper: *Marfim Tourismo, Av. Pres. Vargas 583, Zentrum, Tel. 021/22 52 01 44.*

Insider Tipp

Die Neue Welt entdecken

Eine Welt voller Farben, voller unbekannter Geräusche und Gerüche tut sich auf. Hier ist alles neu, exotisch, spannend ...

Brasilien ist jung und vital. Kinder und Jugendliche sind immer dabei: im Karneval, beim Schwoof bis in den Morgen, am Strand und natürlich auch in Hotels (viele mit Kinderbetreuung) und Restaurants, die so gut wie alle Kinderstühle und -gerichte für die Kleinen führen. Die Kinder werden gehätschelt und verehrt – mit aufwändigen Geburtstagsfeiern, Debütantenbällen und mit Ferienkolonien speziell für Jugendliche. Mit 16 gelten junge Brasilianer bereits als volljährig. Auf Bahnhöfen und Flughäfen finden sich überall *juizados dos menores*, also Posten der Jugendbehörde, die darüber wachen, dass kein Kind verloren geht bzw. ohne Erwachsenen-Begleitung reist. Die Tageszeitungen veröffentlichen unter der Rubrik *crianças* besonders auf Kinder zugeschnittense Veranstaltungen und Programme.

Alle touristischen Einrichtungen in Brasilien sind auf Kinder vorbereitet – es gilt z. B. als selbstverständlich, Gitter- bzw. Kinderbetten bei Bedarf zum Nulltarif in das Elternzimmer hineinzustellen. Die

Kinder sind in Brasilien überall willkommen und immer dabei

zunehmende Neigung, Ferien auf dem Bauernhof in Hotel-Fazendas zu verbringen, hat auch damit zu tun, dass so gut wie alle dieser meist sehr reizvollen Güter über eigene Animateure für die jungen Gäste verfügen, die mit ihnen ein buntes Spiel- und Sportprogramm durchziehen, derweil die Eltern ihre Ruhe haben.

RIO DE JANEIRO

Fazenda-Ferien   **[120–121 C–D6]**
Im 150-km-Umkreis von Rio de Janeiro kann man rund zwei Dutzend schöner alter Kaffee-Fazendas ansteuern, die wahre Kinderparadiese sind (mit Kutschfahrten, Reiten, Schwimmen, Dschungeltouren, Schnitzeljagd) – ein alle diese Fazendas auflistendes Portal im Internet gibt es leider nicht. Hier die besten Adressen: *Hotel-Fazenda do Arvoredo, Barra do Piraí, 135 km westlich von Rio, Tel. 024/ 24 43 51 57, www.hotelarvoredo.com.br,* und am gleichen Ort: *Fazenda Ribeirão, Tel. 024/24 42 43 43, www.fazendaribeirao.com.br.* Das Institut *Preservale, Tel. 024/443 51 59,* kümmert sich um die Nutzung alter Kafee-Fazendas; auf der Homepage *www.*

preservale.com.br sind die schönsten Fazendas aufgelistet.

Kindertheater [123 F1]

Am Wochenende können gestresste Eltern in Rio de Janeiro unter rund einem Dutzend Theater wählen, die oft auch Stücke spielen, bei den Pantomime und Musik die wichtigste Rolle einnehmen, sodass sie auch für sprachunkundige Besucher reizvoll sind. Hinweise unter der Rubrik *crianças* im Veranstaltungskalender.

Rio Water Planet/ Wet'n Wild [123 F1]

Wer statt Salzwasser und Strand opulentes Süsswasservergnügen sucht, der ist mit diesen beiden thematischen Parks am westlichen Ende von Rio, in Vargem Grande, gut bedient. Geboten wird alles: vom unschuldigen Plantschbecken über das Wellenbad bis zu gigantischen Wasserrutschen alle Schikanen – und gleichwohl geht keiner unter, denn meistens ist das Wasser flach, und zweitens stehen alle paar Meter freundliche Kinderbetreuer. Klar, dass man sich in beiden Parks auch mit Fastfood und Getränken voll stopfen kann. *Tgl. ab 12 Uhr Eintritt ca. 10 Euro, Vargem Grande, Estrada dos Bandeirantes*

Playcenter São Paulo [123 E2]

Ausgedehnter Vergnügungspark mit Hightechgeräten, Videospielen und Fahrsimulatoren, die kein Auge trocken lassen. Für die Kleineren gibt's aber auch Karussells, Elektroautos und einen Streichelzoo. *Mi–So 10–20 Uhr, Eintritt ca. 10 Euro, R. Rubens Mireilles 389 (Barra Funda)*

Zoo São Paulo [123 E2]

Im Viertel Água Funda befinden sich nebeneinander Zoo und Botanischer Garten, die beide in Lateinamerika nicht ihresgleichen haben. Der *Jardim zoológico* umfasst 8,2 km^2 und 3000 Tiere; die unglaubliche Vielfalt der Neuwelt-Affen dürfte weltweit einmalig sein. Der Park dient auch als innerstädtische Erholungszone. *Di–So 9–17 Uhr, Eintritt 3 Euro, Kinder unter 12 J. frei, Av. Miguel Estéfano 4241*

Zoo Safári São Paulo [123 E2] *Insider Tipp*

Nur einen Sprung entfernt liegt ein weiterer zoologischer Park, das Freigehege Zoo Safari, in das man mit dem Auto hineinfährt, derweil die Affen auf die Motorhaube springen und andere Tiere die blechernen Eindringlinge misstrauisch beäugen. *Di–So 10–16 Uhr, Autogebühr ca. 25 Euro, Av. do Cursino 6338*

SÃO PAULO UND DER SÜDEN

Beto Carrero World [123 E2]

Der 15 km^2 große Vergnügungspark bei Penha, Santa Catarina, ist die brasilianische Version von Disneyland. Die meisten Reisebüros haben ihn im Programm. *Di–So 9–19 Uhr, Eintritt 20 Euro, Kinder unter 9 J. 16 Euro*

DER WESTEN UND DIE MITTE

Caldas Novas [120 B4]

Das traditionelle Thermalbad (ca. 280 km südlich von Brasília) ist mit seinen 30 bis 50 Grad heißen Quellen ein Plantschparadies für Jungund Alt. Organisierte Touren werden von Brasilia aus angeboten. *www.caldas.tur.br*

Zum Karneval bunt herausgeputzt: Mädchen beim Eisessen

Nationalpark Brasília [120 B3]
Natur-Stadtpark von 30 km² Größe mit mehreren Schwimmbecken mit kristallklarem Wasser. *Tgl. 8–16 Uhr, Eintritt ca. 2 Euro*

Pantanal und Amazonien
Der größte Süßwassersumpf der Erde ist touristisch gut erschlossen und auch für Abenteuerurlaub mit Kindern geeignet – eine Begegnung mit Krokodilen dürfte nicht nur für Kinder ein aufregendes Erlebnis sein.

Amazonien ist auf Kinder weniger gut eingestellt, die zahlreichen *lodges* im Einzugsbereich von Manaus bieten aber genügend Sicherheit und Komfort für einen gefahrlosen Aufenthalt mit Kindern.

DER NORDOSTEN

Beach Park Fortaleza [115 D2]
Tolles Süßwasser-Badevergnügen mit eigenem Meeresstrand, der Praia de Porto das Dunas, 29 km östlich von Fortaleza (Ceará). Der Beach Park von Fortaleza ist der älteste und wohl auch größte seiner Art in Brasilien – leider auch nicht ganz billig. *Tgl. 10.30–16 Uhr, Eintritt ca. 20 Euro*

Strandpark Praia das Fontes, Beberibe [115 D2]
Ein Strandpark mit zahlreichen Spielgeräten und Wasserspielen für Kinder aller Altersgruppen, der öffentlich zugänglich, aber dem ebenfalls sehr für Kinder geeigneten *Praia das Fontes Hotel Resort (praiadasfonteshotel.com.br)* angegliedert ist. Beberibe liegt 85 km südwestlich von Fortaleza, Ceará.

Iguape/Ocean Park [115 D2]
Gigantischer aquatischer Erlebnispark am Strand, der besonders gern von gut Betuchten besucht wird. *Eintritt ca. 20 Euro. 30 km südlich von Fortaleza*

Angesagt!

Pagode

Das Girl of Ipanema ist inzwischen
Oma, hat aber hübsche Enkeltöch-
ter bekommen. Rio de Janeiro,
Zona Sul, der ganze Streifen vom
Zuckerhut bis an die Barra, auf einen Schlag 20 km Sandstrand –
ein gigantischer Laufsteg. Am
Posto Nove (Posto 9) am Strand
von Ipanema trifft sich die crème
de la crème zur *Pagode*, dem mu-
sikalischen impromptu open air.

Pedale

Der gute alte Drahtesel – ein Kult-
objekt in Rio. 100 km Radwege
vom Zentrum über die Copa bis
an die entlegensten Strände. Klar,
Mountainbiking ist auch angesagt, von Null auf 1000 m im
Stadtgebiet. Wer mehr wissen will:
www.pedal.com.br.

Ballkunst

Die Zona Sul von Rio ist der fuß-
ballerische Trendsetter. Wer für
seinen Heimatclub auf Talentsuche
ist, der geht sonntags in den
Strandpark von Gloria, um die
Nachwuchstalente zu beobachten.
Nova safra, »neue Ernte«, heißt
das Label, unter dem die Jungs
antreten, die oft mehr Drive haben als die grüngelbe Nationalelf.

Drag Queens

Phantasie ist beim Posto Dois angesagt, da, wo die Strandab-
schnitte Leme und Copacabana

zusammenstoßen – und zwei
Welten dazu. Gegenüber vom
plüschigen Copacabana Palace
Hotel ist nämlich der heiße Spot,
wo Drag Queens und Transvesti-
ten *(Travis)* ihren Auftritt haben.
Die tollsten Mulatas in den
knappsten Bikinis sind nämlich
Männer. Wie sie das machen, ist
Berufsgeheimnis.

Sundowner

Für den fälligen Sundowner wollen wir Ihnen keine Vorschriften
machen. Die Cariocas probieren
alles aus, was sich mit Zuckerrohrschnaps *(cachaça)* und Früchten
mixen lässt. Man nehme die
Caipirinha (den Klassiker) oder
eine Batida da ein, wo es gefällt,
etwa ganz oben auf den Hotels
Meridian, dem *Othon* oder dem
Cesar Park z. B., Hauptsache, Sie
gehen gestärkt in die lange Nacht
von Rio. Denn die wird hart,
besonders in der Anmach-Disko
*Help (Av. Atlantica 3432, ab 23
Uhr)*.

Von Anreise bis Zoll

Hier finden Sie kurz gefasst die wichtigsten Adressen und Informationen für Ihre Brasilien-Reise

ANREISE

Die Lage auf dem Markt für Billig-Linientickets ändert sich oft kurzfristig. Einreise- und Sicherheitsgebühren kommen meist noch hinzu. Der Flug nach Brasilien dauert ca. 12 Stunden. Lufthansa und Varig fliegen im Code-sharing täglich von Frankfurt nach Rio de Janeiro oder São Paulo. Je nach Glück und Termin gibt es auch Sondertarife ab 900 Euro. Jugendliche bis 24 Jahre erhalten 25 Prozent Ermäßigung. Etwas günstiger kann der Flug mit British Airways über London oder mit Air Portugal über Lissabon sein.

Inlandsflüge

Nach den USA ist Brasilien das Land mit dem dichtesten Flugnetz in Amerika. Nationale Gesellschaften (Varig, Vasp, TAM, Rio Sul und GOL) verbinden selbst verschlafene Provinzstädte mit den Metropolen. Regionale Linien komplettieren das Netz. Allerdings haben die Airlines keinen Datenverbund, sodass Sie sie nacheinander abklappern müssen. Auch in Brasilien befehden sich die Fluggesellschaften in einem heftigen Preiskampf, sodass die ehedem teuren Inlandstarife in freiem Fall begriffen sind.

Der »Brazil-Airpass« ist ideal für Leute, die mit wenig Zeit möglichst viel vom Land sehen wollen. Sie bekommen ihn nur in Europa oder USA vor Reiseantritt beim Kauf des Transatlantiktickets mit Varig oder Lufthansa. Er kostet 490 US-Dollar für 5 Coupons/Strecken. Maximal 4 Coupons für je 100 Dollar können zusätzlich gekauft werden. Der Brazil-Airpass gilt (mit Ausnahme des Shuttles zwischen Rio und São Paulo) für alle Inlandsflüge von Varig und Rio Sul 21 Tage lang.

AUSKUNFT

Brasilien verfügt nur über ein *Rio Information Office* in Deutschland *(Kleine Hochstr. 9, 60313 Frankfurt/M., Tel. 069/21 93 67 12, Fax 21 93 67 77)*. Hilfreicher sind Reisebüros, die sich auf Brasilien spezialisiert haben, wie *Ruppert Brasil, Grillparzerstr. 31, 81675 München, Tel. 089/470 80 57, Fax 47 21 27, www.ruppert.de*

Arbeitsgemeinschaft Lateinamerika e. V.

Domenecker Str. 19, 74219 Möckmühl, Tel. 06298/92 92 77, Fax 92 92 78, www.lateinamerika.org

Deutsch-Brasilianische Tourismuskommission e.V.

Birkenstr. 15, 28195 Bremen, Tel. 0421/165 41 11, Fax 165 41 10

Deutsche Botschaft

Brasília, Av. das Nações, Lote 25,
Tel. 061/443 73 30, Fax 443 75 08,
www.embaixada-alemanha.org.br

Deutsches Generalkonsulat

– Rio de Janeiro, Rua Presidente
Carlos de Campos 417, Tel. 021/
25 53 67 77, Fax 25 53 01 84
– São Paulo, Av. Brigadeiro Faria Li-
ma 2092/12. Stock, Tel. 011/
38 14 66 44, Fax 38 15 75 38

Botschaft der
Republik Österreich

Brasília, Av. das Nações, Lote 40,
Tel. 061/2433111, Fax 443 52 33

Österreichisches Generalkonsulat

– Rio de Janeiro, Av. Atlântica 3804,
Tel. 021/25 22 22 86, Fax 25 21 61 80

– São Paulo, Rua Augusta 2516, Tel.
011/32 82 62 23, Fax 330 64 27 45

Botschaft der Schweiz

Brasília, Av. das Nações, Lote 41,
Tel. 061/443 55 00, Fax 443 57 11

Schweizerisches
Generalkonsulat

– Rio de Janeiro, Rua Mendes 157,
Tel.   021/22 21 18 67,   Fax
22 52 39 91
– São Paulo, Av. Paulista 1754, Tel.
011/32 53 49 51, 32 53 57 16

Brasilianische Botschaften

– Wallstr. 57, 10179 Berlin-Mitte,
Tel. 030/72 62 80, Fax 72 62 83 20,
www.brasilianische-botschaft.de
– Am Lugeck I/V/15, 1010 Wien,
Tel.   0222/51 20 63 10,   Fax
513 83 74
– Monbijoustr. 68, 3007 Bern, Tel.
031/45 85 15, Fax 45 33 94

www.marcopolo.de

Das Reiseweb mit Insider-Tipps

Mit Informationen zu mehr als 4 000 Reisezielen ist MARCO POLO auch im Internet vertreten. Sie wollen nach Paris, in die Dominikanische Republik oder ins australische Outback? Per Mausklick erfahren Sie unter www.marcopolo.de das Wissenswerte über Ihr Reiseziel. Zusätzlich zu den Reiseführerinfos finden Sie online:

• täglich aktuelle Reisenews und interessante Reportagen
• regelmäßig Themenspecials und Gewinnspiele
• Miniguides zum Ausdrucken

Gestalten Sie MARCO POLO im Web mit: Verraten Sie uns Ihren persönlichen Insider-Tipp, und erfahren Sie, was andere Leser vor Ort erlebt haben. Und: Ihre Lieblingstipps können Sie in Ihrem MARCO POLO Notizbuch sammeln. Entdecken Sie die Welt mit www.marcopolo.de! Holen Sie sich die neuesten Informationen, und haben Sie noch mehr Spaß am Reisen!

PRAKTISCHE HINWEISE

EINREISE

Brasilien verlangt von Touristen aus den meisten europäischen Staaten kein Visum. Der Reisepass muss aber noch 6 Monate gültig sein. Bei der Einreise erhalten Sie ein Papier, das bei der Ausreise wieder abgegeben werden muss. Damit können Sie bis zu 3 Monate bleiben und bei der Polícia Federal eine Verlängerung um weitere 3 Monate beantragen. Wer aus einem südamerikanischen Land einreist, muss gegen Gelbfieber geimpft sein (Impfpass!).

€	Real	Real	€
1	2,80	3	1,05
2	5,60	5	1,80
3	8,45	10	3,60
4	11,25	20	7,10
5	14,05	25	8,90
7	19,70	50	17,80
8	22,50	70	24,90
9	15,30	80	28,45
10	28,10	90	32,00

FKK

In Brasilien erst an wenigen Stränden. Auch Oben ohne ist nicht üblich. Die Sitte verlangt, »komplett« bekleidet zu sein – und wenn nur mit hauchdünnen Fäden.

GELD & BANKEN

Beim Tausch berechnen die wenigen Banken, die überhaupt wechseln, Provision. Banken *(Mo–Fr 10 bis 16 Uhr)* sind nur für den internen Geldverkehr gedacht. Tauschen Sie in privaten Wechselstuben *(casa de câmbio,* meist mit Reisebüros gekoppelt). Der Kurs wird in den Tageszeitungen veröffentlicht. Hotels gewähren meist einen ungünstigen Kurs. Nehmen Sie keine Real mit nach Hause, sie werden von europäischen Banken nur selten – und schlecht – gewechselt.

GESUNDHEIT

Erste Hilfe mit fremdsprachigem Personal in Rio: *Klinik Souza Aguiar, Praça da República 111, Tel. 021/ 22 96 41 14.* Die Bezahlung erfolgt bar. Apotheken sind gut bestückt. Das Personal hat aber meist keine pharmazeutische Ausbildung.

INTERNET

In Rio de Janeiro und den übrigen Städten sind zahlreiche *Cybercafés* vorhanden. Zwei Adressen aus Rio: *Acesse Aqui (Copacabana, R. Francisco Otaviano 67)* und *Café das 3 (Ipanema, R. Visconde de Pirajá 580, 4.Stock).*

Das beste Portal für Lateinamerika unterhält das Forschungszentrum der Universität Texas: *www.lanic.utexas.edu.* Interessant die Homepage der Deutschen Botschaft in Brasília: *www.embaixada-alemanha.org.br.* Portal der brasilianischen Regierung auf Portugiesisch: *www.redegoverno.gov.br.* Allgemeine Metabrowser sind *www. miner.bol.com. br* und *www.google.com.br.* Wichtigster deutscher Infoserver zu Lateinamerika: *www.carilat.com*

KLIMA

Brasilien liegt in der tropischen Klimazone, das bedeutet gleichbleibend hohe Temperaturen mit Luftfeuchtigkeit und Niederschlägen. In Amazonien regnet es fast jeden Tag, besonders Nov.–März. Im zentralen Hochland herrscht April bis Sept. Dürre. Im Süden kann es im »Winter« (Juni–Aug.) sehr kalt werden und nachts auch schon mal frieren.

MIETWAGEN

Internationale Agenturen sind in den großen Flughäfen vertreten. In Rio oder São Paulo ein Auto zu mieten (internationaler Führerschein!) empfiehlt sich wegen des Verkehrschaos' nicht. Sinnvoll ist ein Mietauto für die Küstenstraße Rio – Santos (São Paulo), die einzige Strecke, wo Sie das Auto am Zielort abgeben können, ohne die hohe Rückführungsgebühr zu zahlen. Preise: ca. 50 Euro/Tag, hinzu kommen Kilometergeld (ca. 8 Cent) und Versicherung. Einen Pannenhilfsdienst gibt's nicht, aber Sie finden in jedem Dorf geschickte Automechaniker.

NOTRUF

Tel. 119. Polizei in allen Orten. Doch ohne Sprachkenntnisse brauchen Sie die Nummer nicht zu wählen.

ÖFFENTLICHE VERKEHRSMITTEL

Brasilien verfügt über ein gutes Busnetz. Auf den Überlandstrecken fahren zusätzlich »Leito«-Liegebusse. Wer viel Zeit und wenig Geld hat, fährt mit den Überlandbussen bestens. Preise nach Entfernung und Bustyp. Die 1100 km Rio – Brasília kosten ca. 25 Euro. Bahnlinien gibt es nur wenige. São Paulo, Rio und Porto Alegre haben Metros, Curitiba ein gutes Busnetz. Die meist überfüllten Stadtbusse sind billig, aber nicht immer sicher (Taschendiebe).

POLIZEI

Wer einen Schaden zu beklagen hat, sollte beim nächsten Polizeirevier *(delegacia)* ein Protokoll *(ocorrência)* aufnehmen lassen. Ansonsten: nett sein zu den Beamten, aber keine hektische Aktivität erwarten!

POST

Briefe (Luftpost) brauchen etwa eine Woche in die Heimat. Porto für Standardbrief ca. 0,50 Euro.

PREISE & WÄHRUNG

Die brasilianische Währung, der Real (R$), unterteilt in 100 Centavos, ist in den letzten Jahren erstaunlich stabil geblieben (wenn auch momentan etwas unter Druck geraten). Da auch die Teuerung mäßig war, ist Brasilien (bis auf Inlandsflüge) ein preiswertes Reiseland. Wo kann man schon für 25 Euro 1000 km in bequemen Bussen reisen? Wo sonst kostet eine Flasche Bier nur einen, eine Caipiririnha vielleicht 2 Euro? Museen, Kinos und Konzerte kosten 2 bis 20 Euro – und sind damit immer noch billig. Der als reich taxierte Tourist sollte nicht kleinlich sein. Wer um Centavos feilscht, gibt ein schlechtes Bild ab. Es ist gut, immer ein paar kleine Noten dabeizuhaben, auch für das Trinkgeld, vor allem aber, weil die Ladenkassen schon aus Sicherheit leer sind und deshalb Wechselgeld knapp ist.

SICHERHEIT

Wie in anderen Ländern auch sollten Sie vor allem in Großstädten nicht zu sorglos sein und sich vor Taschendieben in Acht nehmen.

Bei Überfällen gilt: Ruhe bewahren und auf keinen Fall Gegenwehr leisten. Fertigen Sie von allen Reisedokumenten Kopien an und lassen Sie die Originale im Hotelsafe.

STROMSPANNUNG

Fast überall 110 Volt, 60 Hertz Wechselstrom. In Brasília und Santos 220 Volt. Bringen Sie aber einen Steckdosenadapter mit.

TAXI

Fahren Sie erst, wenn ein Pauschalpreis ausgehandelt oder der Taxameter eingeschaltet ist. Grundgebühr ca. 1,50 Euro, Preise ähnlich wie in Europa. Trinkgeld nicht üblich, der Betrag wird aufgerundet.

TELEFON & HANDY

Für öffentliche Telefone brauchen Sie eine Telefonkarte, die Sie überall kaufen können. Sie müssen sich bei jedem Ferngespräch entscheiden, welcher Firma Sie die Gunst geben. Das bedeutet, zwei Zahlen mehr einzutippen. Um es nicht zu kompliziert zu machen, hier die Empfehlung, immer die »21« zu wählen, die überall vertreten ist. Wahlmodus: 021-21-XX ist eine Nummer in Rio (Vorwahl 021), wenn Sie Rio von außerhalb anwählen. 0021-49-30-XX – so wird Berlin (Vorwahl 030) von Brasilien aus angewählt. 90-21-21-XX ist eine Nummer in Rio, die Sie wählen, wenn Sie ein R-Gespräch von außerhalb führen wollen. Für R-Gespräche innerhalb einer Stadt wählen Sie: 90-90-XX.

Die Handy-Manie hat auch die Brasilianer total erfasst. 80 Prozent der ca. 10 Mio. Teilnehmer nutzen dabei die *pre-pagos* (Pre-Paid-Karten) der rund ein Dutzend Gesellschaften. Die kann man sich natürlich auch bei den Gesellschaften leihen. Die Reichweite der Handys ist in der Regel auf wenige Bundesstaaten (São Paulo, Rio, der Süden) beschränkt, ein Roaming zum Amazonas kostet Geld. Noch in Entwicklung ist das Roaming in die Nachbarländer, nach Europa derzeit *no chance*.

TRINKGELD

Im Restaurant werden meist 10 Prozent Trinkgeld auf die Rechnung gesetzt. Den Betrag dann nach oben aufzurunden beweist Ihren weltoffenen Lebensstil. Kofferträger, Portiers und die zahllosen anderen dienstbaren Geister erwarten eine gute *gorjeta,* weil sie ja davon leben müssen.

Was kostet wie viel?

Kaffee	**0,30 Euro** für einen Espresso
Caipirinha	**2 Euro** im Café/Bar
Bier	**0,70 Euro** für ein Glas vom Fass
Cola	**0,50 Euro** für eine Flasche Cola
Benzin	**0,80 Euro** für einen Liter Normal
Taxi	**10 Euro** für 10 km

WASSER

Mineralwasser *sem* oder *com gás* aus (Plastik-)Flaschen ist unbedenklich zu trinken. Zum Zähneputzen ist das Leitungswasser in Ordnung. Salate oder Früchte nur mit abgekochtem Wasser behandeln.

ZEIT

Standardzeit ist die von Brasília. Sie liegt je nach Jahreszeit 3 bis 5 Stunden hinter der Mitteleuropäischen. Im Westen zwei weitere Zeitzonen.

ZEITUNGEN

Internationale Presse gibt's nur in Rio und São Paulo oder in großen Hotels. Gute Tageszeitungen überall im Land. Besonders: *Jornal do Brasil, O Globo, Folha de S. Paulo,* *Estado de S. Paulo* und die Wochenmagazine *Veja* und *ISTOÉ.* Fremdsprachige brasilianische Zeitungen in Rio und São Paulo: *Latin America Daily* und die *Deutsche* (Wochen-)*Zeitung.*

ZOLL

Bei der Einreise sind Gegenstände des persönlichen Bedarfs zollfrei, ebenso Geschenke bis 100 US-$. Der brasilianische Zoll reagiert empfindlich auf den Import von Computertechnologie. Ausländische Währungen können in unbegrenzter Höhe eingeführt werden. Bei der Rückreise in ein EU-Land dürfen Waren im Wert von 175 Euro abgabenfrei eingeführt werden. Begrenzungen gibt es bei Zigaretten (200 Stück), Spirituosen (1 l) und Wein (2 l).

Wetter in Rio de Janeiro

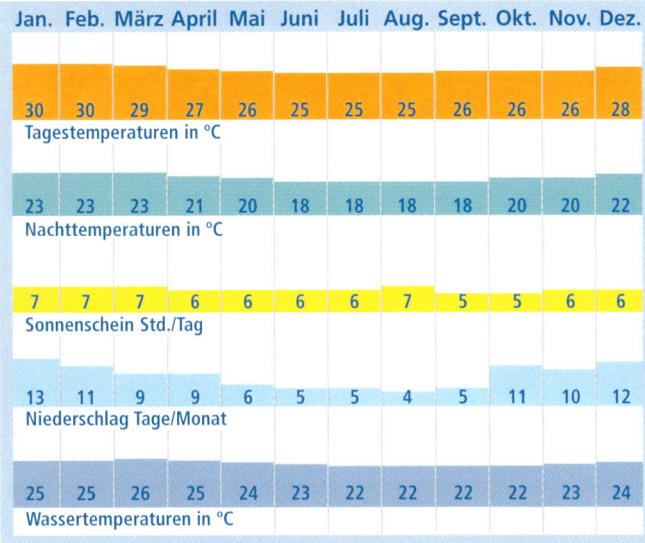

	Jan.	Feb.	März	April	Mai	Juni	Juli	Aug.	Sept.	Okt.	Nov.	Dez.
Tagestemperaturen in °C	30	30	29	27	26	25	25	25	26	26	26	28
Nachttemperaturen in °C	23	23	23	21	20	18	18	18	18	20	20	22
Sonnenschein Std./Tag	7	7	7	6	6	6	6	7	5	5	6	6
Niederschlag Tage/Monat	13	11	9	9	6	5	5	4	5	11	10	12
Wassertemperaturen in °C	25	25	26	25	24	23	22	22	22	22	23	24

Você fala Português?

»Sprichst du Portugiesisch?« Dieser Sprachführer hilft Ihnen, die wichtigsten Wörter und Sätze in brasilianischem Portugiesisch zu sagen

> Zur Erleichterung der Aussprache sind alle portugiesischen Wörter mit einer einfachen Aussprache (in eckigen Klammern) versehen.
> ' vor einer Silbe bedeutet, dass die nachfolgende Silbe betont wird.

AUF EINEN BLICK

Ja./Nein.	Sim. [sinn] / Não. [naou]
Bitte.	Por favor. [por fa'wor]
Danke.	Obrigado/Obrigada. [obri'gado/obri'gada]
Bitte sehr./Gern geschehen.	De nada. [di 'nada]
Entschuldigung!	Desculpe!/Desculpa! [des'kulpe/des'kulpa]
Wie bitte?	Como? ['komo]
Ich verstehe Sie/dich nicht.	Não compreendo. [naou kompre'endo]
Können Sie mir bitte helfen?	Pode me ajudar, por favor? ['podschi mi aschu'dar por fa'wor]
Ich möchte ...	Gostaria (gostariea) ...
Das gefällt mir (nicht).	Isto (não) me agrada. ['isto (naou) mi a'grada]
Haben Sie ...?	O senhor/a senhora tem ...? [o sen'jor/a sen'jora teng]
Wieviel kostet das?	Quanto custa isso? ['kwanto 'kusta 'ißo]
Wieviel Uhr ist es?	Que horas são? [ke 'oras saou]

KENNEN LERNEN

Guten Morgen!	Bom dia! [bong 'dschia]
Guten Tag!	Bom dia!/Boa tarde! [bong 'dschia/'boa 'tardschi]
Guten Abend!/Gute Nacht!	Boa noite! ['boa 'noitschi]
Hallo!	Oi! [oi]
Mein Name ist ...	O meu nome é ... [o 'meu 'nomi ä]
Wie geht's?/Alles klar?	Como vai?/Tudo bem? ['komo wai/'tudo beng]
Danke, gut.	Tudo bem. ['tudo beng]
Und wie geht's Dir, alles klar?	E você, tudo bem? [i wo'se 'tudo beng]
Auf Wiedersehen!	Até logo!/Tchau! [a'tä 'logo/tschau]

Auskunft

links	à esquerda [a es'kerda]
rechts	à direita [a di'reita]
geradeaus	em frente [eing 'freintschi]
	direto [di'räto]
nah/weit	perto ['perto]/longe ['lonschi]
Bitte, wo ist …?	Onde fica …, por favor?
	['ondschi 'fika por fa'wor]
Wie weit ist es von hier nach …?	Qual é a distância daqui à …?
	['kwau ä a dis'tansia da'ki a]

Panne

Ich habe eine Panne.	O carro quebrou. [o 'kaho ke'brou]
Können Sie mich zur nächsten Werkstatt mitnehmen?	Por favor, pode me levar até a oficina mais próxima? [por fa'wor 'podschi mi le'war a'tä a ofi'sina mais 'prosima]
Wo ist hier die nächste Werkstatt?	Onde tem uma oficina mais próxima? ['ondschi teng 'uma ofi'sina mais 'prosima]

Tankstelle

Wo ist hier die nächste Tankstelle?	Onde fica o posto de gasolina mais próximo? ['ondschi 'fika o posto di gaso'lina mais 'prosimo]
Wollen Sie Benzin oder Alkohol?	Quer gasolina ou álcool? [ker gaso'lina ou 'alkol]
Ich möchte …	Eu quero … ['eu 'kero]
… 20 Liter Benzin.	… vinte litros de gasolina. ['wintschi 'litros di gaso'lina]
… für 20 Real Benzin.	… para vinte reais de gasolina. ['wintschi re'ais di gaso'lina]
Voll tanken bitte.	Completar, por favor. [komple'tar por fa'wor]

Unfall

Achtung!/Vorsicht!	Cuidado! [kui'dado]
Rufen Sie …	Chame … ['schami]
… die Polizei.	… a polícia. [po'lisia]
… einen Arzt.	… um médico. ['mädschiko]
… die Feuerwehr.	… os bombeiros. [os bom'beiros]
Es war meine/Ihre Schuld.	A culpa foi minha/sua. [a 'kulpa 'foi 'minja/'sua]
Hier ist meine Adresse und die Versicherungsnummer.	Aqui está meu endereço e o número da apólice de seguro. [a'ki es'ta 'meu ende'reso i o 'numero da a'polisi di seguro]

ESSEN/UNTERHALTUNG

Wo gibt es hier ...
Onde tem ... ['ondschi teng]

  ... ein gutes Restaurant?
  ... um bom restaurante?
  [um bong restau'rantschi]

  ... ein nicht zu teures Restaurant?
  ... um restaurante não muito caro?
  [um restau'rantschi nau 'muito 'karo]

Gibt es hier eine Kneipe mit Musik?
Há aqui um bar com músicao viva?
[a a'ki um bar kon 'musika wiwa]

Ich möchte einen Tisch für sechs Personen reservieren.
Eu quero reservar uma mesa para seis pessoas. ['eu 'kero reser'war 'uma 'mesa 'para seis pe'ßoas]

Wo sind bitte die Toiletten?
Onde fica o banheiro?
['ondschi 'fika o ban'jeiro]

Ich möchte das Tagesgericht.
Eu quero o prato do dia.
['eu 'kero o 'prato do 'dschia]

Haben Sie offenen Wein?
Tem vinho da casa? [teng 'winjo da 'kasa]

Herr Ober, bitte ...
Garçon ..., por favor! [gar'song, por fa'wor]

Guten Appetit!
Bom apetite! [bong ape'titschi]

Auf Ihr Wohl!
Saúde! [sa'udschi]

Bezahlen, bitte.
A conta, por favor. [a 'konta por fa'wor]

Bitte alles zusammen.
Tudo junto, por favor.
['tudo 'schunto por fa'wor]

Es stimmt so.
Está bom assim. [es'ta bong a'sing]

Hat es geschmeckt?
Gostou? [gostouu]

Das Essen war ausgezeichnet.
A comida estava excelente.
[a ko'mida es'tawa ese'leintschi]

ÜBERNACHTUNG

Können Sie mir ... empfehlen?
Pode me indicar ...
['podschi mi indi'kar]

  ... ein gutes Hotel ...
  ... um bom hotel? [um bong ho'tel]

  ... eine Pension ...
  ... uma pensão? ['uma pen'saou]

Haben Sie ein freies Zimmer?
Tem um quarto vago?
[teng um 'kwarto 'wago]

Ich möchte ...
Quero ... ['kero]

  ... ein Einzel-/
  ... um quarto de solteiro/casal.
  ... Doppelzimmer.
  [um 'kwarto di sol'teiro/ka'sau]

  ... mit Bad.
  ... com banheiro. [kon ban'jeiro]

Haben Sie ein billigeres Zimmer?
Tem um quarto mais barato?
[teng um 'kwarto mais ba'rato]

Dieses Zimmer gefällt mir nicht.
Este quarto não me agrada.
['esti 'kwarto naou mi a'grada]

Wir bleiben ...
Vamos ficar ... ['wamos fi'kar]

  ... eine Nacht.
  ... uma noite. ['uma 'noitsche]

  ... eine Woche.
  ... uma semana. [uma semana.]

Arzt

Können Sie mir einen
guten Arzt empfehlen?

Pode me recomendar um bom médico.
['podschi-mi rekomen'dar um bon
'mädschiko]

Ich habe hier Schmerzen.

Tenho dores aqui. ['tenjo 'dores a'ki]

Bank

Wo ist hier bitte die nächste Bank/Wechselstube?

Onde é o banco/casa de câmbio mais
próximo/a? ['ondschi ä o 'banko/'kasa di
'kambio mais 'prosimo/a]

Ich möchte … Euro/
Schweizer Franken wechseln.

Quero trocar … euro/francos suíços.
['kero tro'kar … euro/'frankos 'swißos]

Post

Ich möchte … nach
Deutschland/Österreich/
in die Schweiz schicken.

Eu quero mandar … para a
Alemanha/Áustria/Suíça.
['eu 'kero man'dar … 'para
ale'manja/'austria/'swißa]

… einen Brief …
… eine Postkarte …

… uma carta … ['uma 'karta]
… um cartão postal …
[um kar'taou pos'tau]

Wieviel kostet es?

Quanto custa? ['kwanto 'kusta]

0	zero ['sero]		20	vinte ['wintschi]
1	um [um]		21	vinte e um ['wintschi i um]
2	dois [dois]		22	vinte e dois ['wintschi i dois]
3	três [tres]		30	trinta ['trinta]
4	quatro ['kwatro]		40	quarenta [kua'renta]
5	cinco ['sinko]		50	cinquenta [sin'kwenta]
6	seis/meia [seis/meija]		60	sessenta [se'ßenta]
7	sete ['sätschi]		70	setenta [se'tenta]
8	oito ['oito]		80	oitenta [oi'tenta]
9	nove ['nowi]		90	noventa [no'wenta]
10	dez [deis]		100	cem [seng]
11	onze ['onsi]		101	cento e um ['sento i um]
12	doze ['dosi]		200	duzentos [du'sentos]
13	treze ['tresi]		1 000	mil ['miu]
14	catorze [ka'torsi]		2 000	dois mil [dois 'miu]
15	quinze ['kinsi]		1 000 000	um milhão [um mil'jau]
16	dezesseis [dese'ßeis]			
17	dezessete [dese'ßätschi]		1/2	um meio [um 'meio]
18	dezoito [de'soito]		1/3	um terço [um 'terso]
19	dezenove [dese'nowi]		1/4	um quarto [um 'kwarto]

Reiseatlas Brasilien

Die Seiteneinteilung für den Reiseatlas finden Sie auf dem hinteren Umschlag dieses Reiseführers

Mit freundlicher Unterstützung von

kein urlaub ohne
holiday autos

www.holidayautos.com

total relaxed in den urlaub: einsteiger-übung

1. lehnen sie sich entspannt zurück und gleiten sie in gedanken zu den cleveren angeboten von holiday autos. stellen sie sich vor, als weltgrösster vermittler von ferienmietwagen bietet ihnen holiday autos

   - mietwagen in über 80 urlaubsländern
   - zu äusserst attraktiven preisen

2. vergessen sie jetzt die üblichen zuschläge und überraschungen. dank

   - alles inklusive tarife
   - wegfall der selbstbeteiligung
   - und min. 1,5 mio € haftpflichtdeckungssumme (usa: 1,1 mio €)

   steht ihr endpreis bei holiday autos von anfang an fest.

3. nehmen sie ganz ruhig den hörer, wählen sie die telefonnummer **0180 5 17 91 91** (12cent/min), surfen sie zu **www.holidayautos.com** oder fragen sie in ihrem reisebüro nach den topangeboten von holiday autos!

kein urlaub ohne

holiday autos

Hauptstraße	————————
Nebenstraße	————————
Piste, Karawanenweg	— — — — —
Haupteisenbahnlinie	————————
Andere Eisenbahn	————————
Staatsgrenze	—·—·—·—·—
Grenze eines Bundesstaates	————————
Grenze einer Provinz	————————
Hauptstadt eines Staates	**BRASÍLIA**
Hauptstadt eines Bundesstaates	**MACEIÓ**

Ortssignaturen :

■	>10 Mio. Einwohner	◎	>100 000 bis 250 000 Einwohner
▣	>5 bis 10 Mio. Einwohner	⊙	>25 000 bis 100 000 Einwohner
⊡	>1 bis 5 Mio. Einwohner	○	>10 000 bis 25 000 Einwohner
◉	>250 000 bis 1 Mio. Einwohner	○	≤10 000 Einwohner

Wasserfall	
Staudamm, Talsperre	
Internationaler Flughafen	✈
Sumpf	
Korallenriff, Atoll	
Ausflüge & Touren	

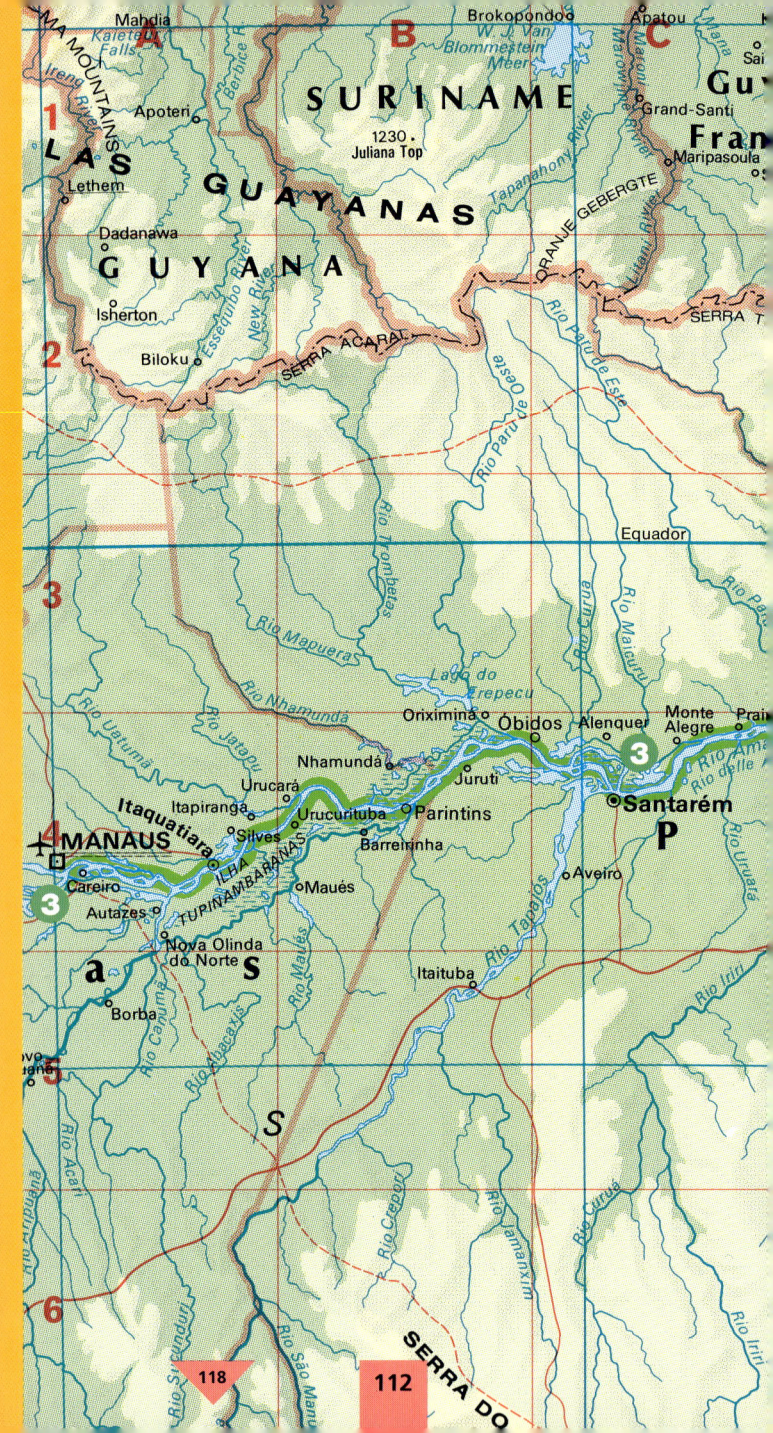

Mahdia   Brokopondo   Apatou

Kaieteur
Falls
Irene River

A   **B**   W. J. van
Blommestein
Meer   **C**   Sai

S U R I N A M E   Grand-Santi   **Gu**

1   Apoteri   1230
Juliana Top   **Fran**

L A S   Maripasoula

Lethem   G U A Y A N A S

Dadanawa   **G U Y A N A**   ORANJE GEBERGTE

Isherton   SERRA   T

2   Biloku   SERRA ACARAÍ

Equador

3   Rio Mapuera   Lago do
Trepecu

Rio Nhamundá   Oriximiná   Óbidos   Alenquer   Monte
Alegre   Prai

Nhamundá   Juruti   **3**

Urucará   Rio delle

Itaquatiara   Itapiranga   Urucurituba   Parintins

4   **MANAUS**   Silves   Barreirinha   **Santarém**

3   Careiro   Maués   **P**

Autazes   Aveiro

a   Nova Olinda
do Norte   **S**

Borba   Itaituba

5   Rio Tapajós

S

6   SERRA DO

▼ **118**

112

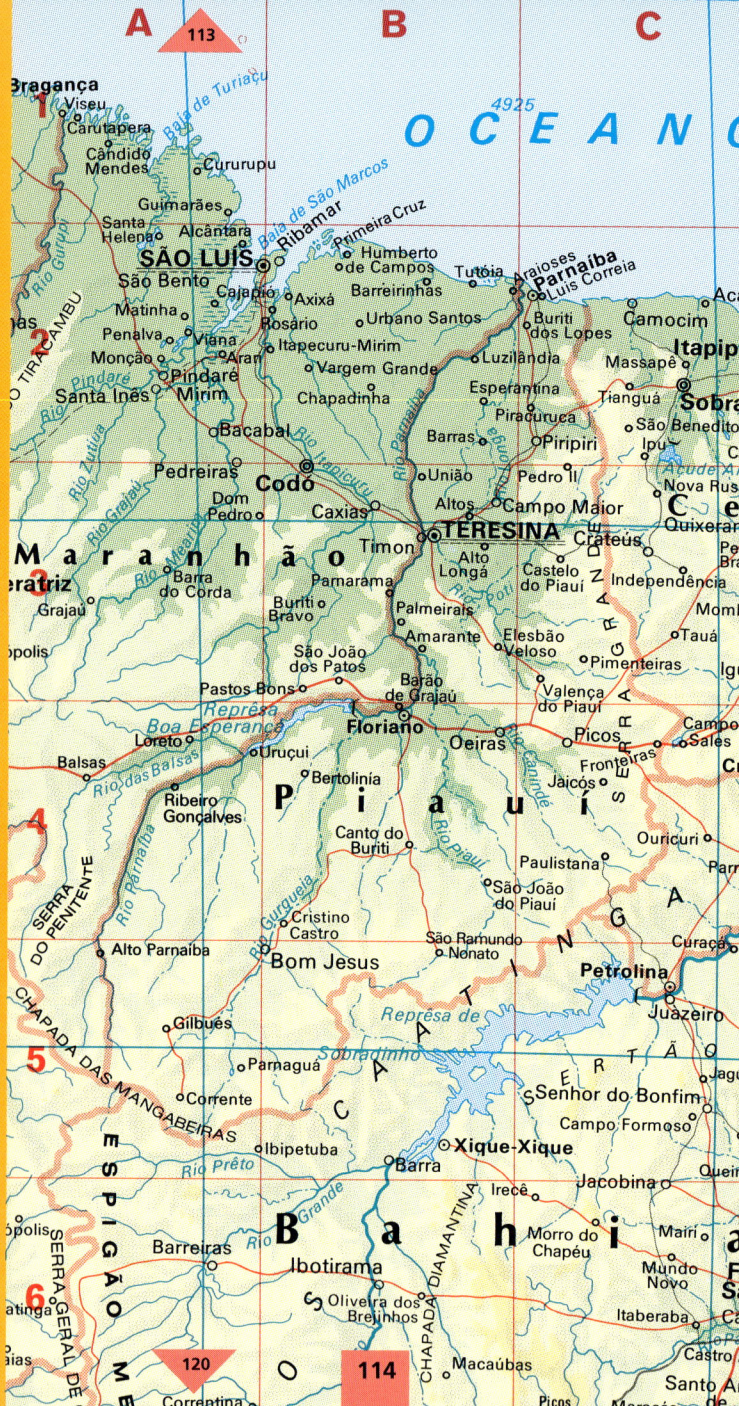

D   Equador   **E**   **F**

4485

1

A T L Â N T I C O

4065

2

60

rairi
Paracuru
age
FORTALEZA
Pacajus   Cascavel
1150   Redenção
Pico   Baturité
Alto

ATOL
DAS ROCAS
(Pernambuco)

ILHA FERNANDO
DE NORONHA

r   á
Aracati
Jaguaruana
Areia Branca

3990

3

Quixadá
Senador
ompeu
Aguaribe
Orós
Icó
ro
Sousa

Açude
Banabuiú
Apodi
Pau dos
Ferros
Patu

Moçoró
Rio Grande
Caraúbas
Catolé
do Rocha
Caicó
Parelhas

Macau
Açu
Lajes
Tangará

Touros   Cabo de São Roque
João
Câmara
Ceará-Mirim
NATAL
Parnamirim
Goianinha
Nova Cruz
Guarabira
Rio Tinto
Cabo Branco

d o   N o r t e

Currais
Novos

Juàzeiro
do Norte
Mauriti

P
Itaporanga
Piancó
Patos

Pombal
Juàzeirinho
a   r   **a   í**
Sapé
b   a
Inga
JOÃO PESSOA
Santa Rita
Timbaúba
São Lourenço da Mata
Olinda
RECIFE

4

ueiro
Serra
Talhada
Monteiro
Pesqueira
Bezerros

Campina
Grande
Limoeiro
Jaboatão
Caruaru
Vitória de
Santo Antão
Palmares

P   e   r   n   a   m   b   u   c   o

Arcoverde

Bom
Conselho
Garanhuns
Barreiros
União dos Palmares

o **Afonso**
ulo Afonso
Jeremoabo
uclides da
Cunha

Cachoeira
Palmeira
dos Índios
Murici
Pilar
Rio Largo
MACEIÓ

4700

5

A l a g o a s
Arapiraca
Propriá   Penedo
Itabaiana
S e r g i p e
ARACAJU

Lagarto
Cipó
Itabaianinha
Estância

Esplanada   Conde
e
Alagoinhas
Catu

150 km

6

azaré
Nossa Senhora
das Candeias
□ **SALVADOR**
Valença

115

121

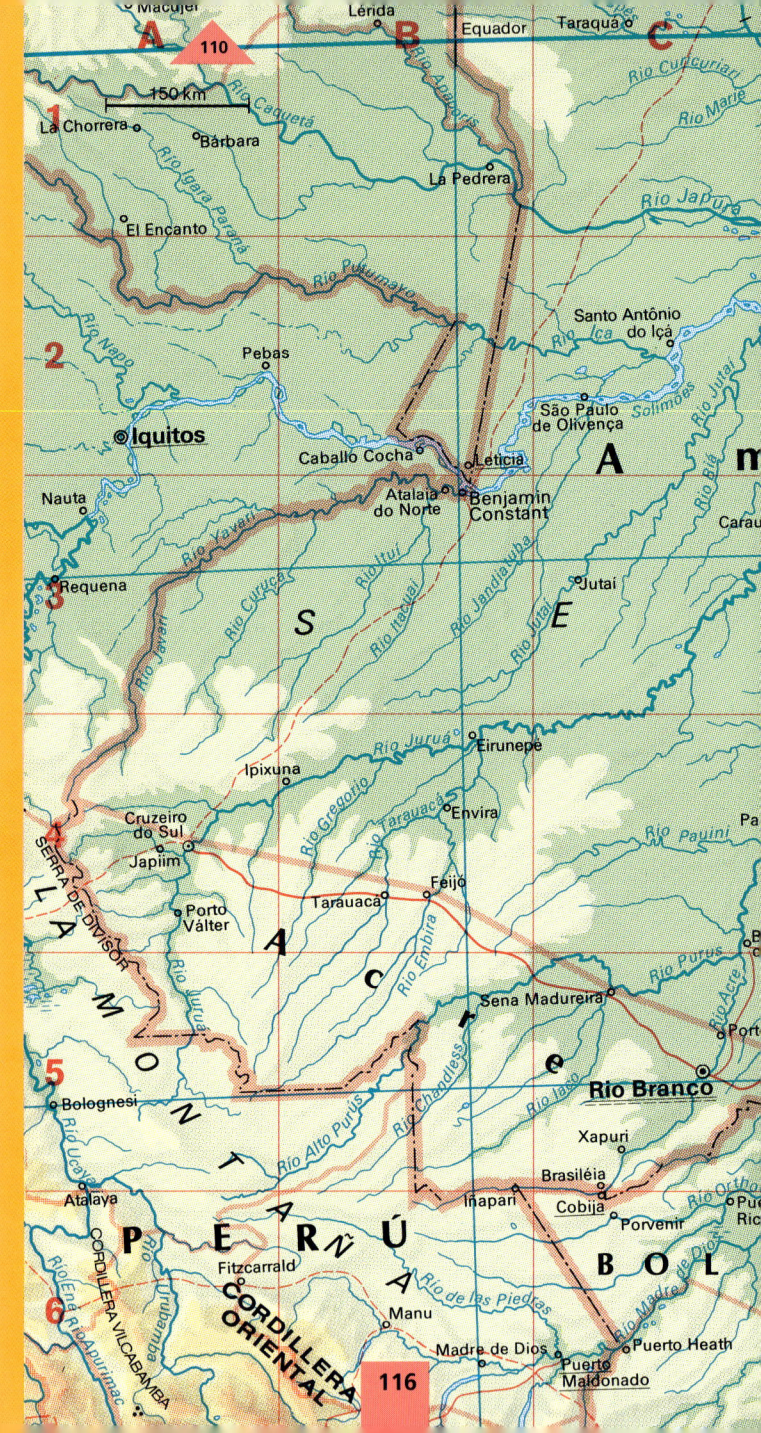

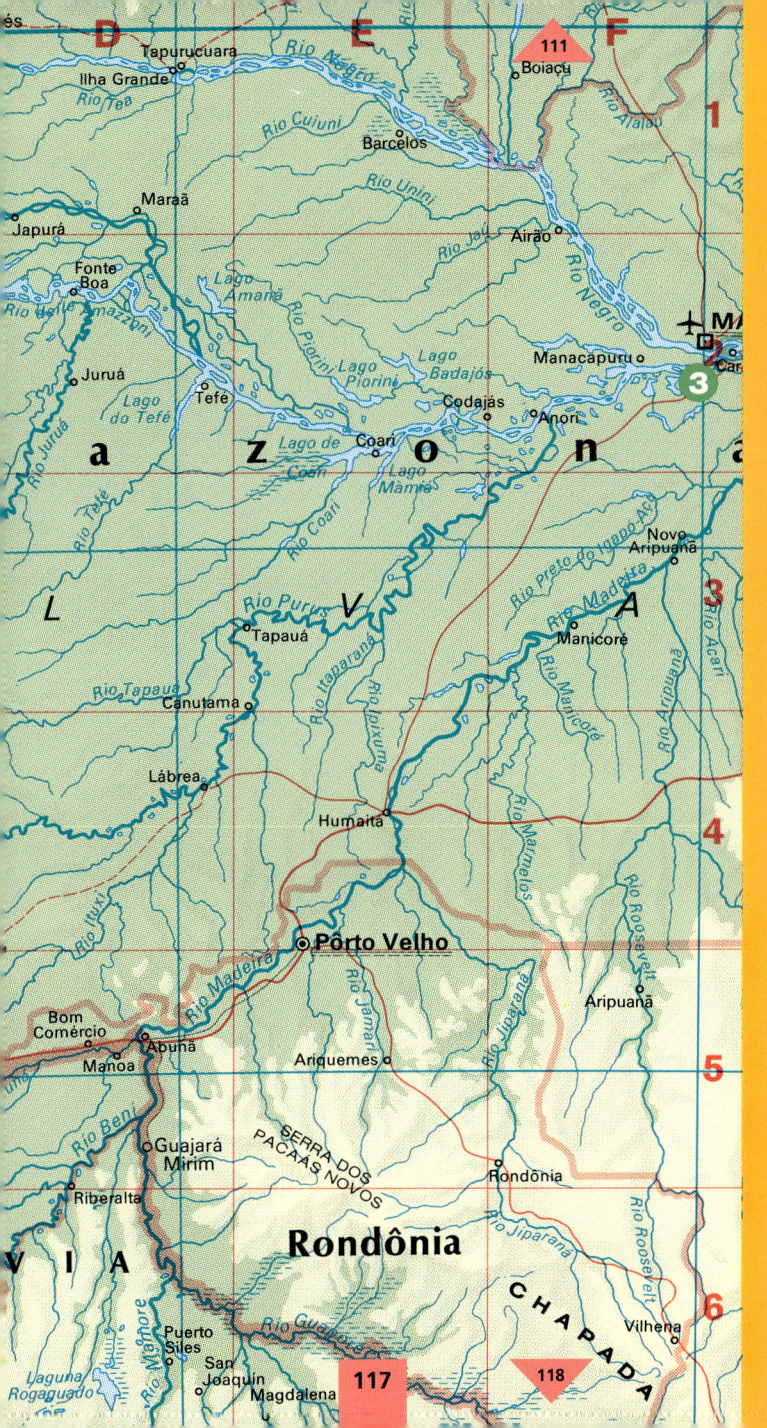

total relaxed in den urlaub: übung für fortgeschrittene

1. schliessen sie die augen und denken sie intensiv an das wunderbare wort „ferienmietwagen zum alles inklusive preise". stellen sie sich viele extras vor, die bei holiday autos alle im preis inbegriffen sind:

- unbegrenzte kilometer
- haftpflichtversicherung mit min. 1,5 mio €uro deckungssumme (usa: 1,1 mio €uro)
- vollkaskoversicherung ohne selbstbeteiligung
- kfz-diebstahlversicherung ohne selbstbeteiligung
- alle lokalen steuern
- flughafenbereitstellung
- flughafengebühren

2. atmen sie tief ein und lassen sie vor ihrem inneren auge die zahlreichen auszeichnungen vorbeiziehen, die holiday autos in den letzten jahren erhalten hat.

   sie buchen ja nicht irgendwo.

3. nehmen sie ganz ruhig den hörer, wählen sie die telefonnummer **0180 5 17 91 91** (12cent/min), surfen sie zu **www.holidayautos.com** oder fragen sie in ihrem reisebüro nach den topangeboten von holiday autos!

kein urlaub ohne
holiday autos

MARCO ◉ POLO

Für Ihre nächste Reise gibt es folgende Titel:

Schreiben Sie uns!

Liebe Leserin, lieber Leser,

wir setzen alles daran, Ihnen möglichst aktuelle Informationen mit auf die Reise zu geben. Dennoch schleichen sich manchmal Fehler ein – trotz gründlicher Recherche unserer Autoren/innen. Sie haben sicherlich Verständnis, dass der Verlag dafür keine Haftung übernehmen kann. Wir freuen uns aber, wenn Sie uns schreiben.

Senden Sie Ihre Post an die MARCO POLO Redaktion, Mairs Geographischer Verlag, Postfach 31 51, 73751 Ostfildern, marcopolo@mairs.de

Impressum

Titelbild: Blick auf Rio de Janeiro mit Zuckerhut (Bilderberg: Jonkmanns)
Fotos: Bilderberg: Jonkmanns (107); HB-Verlag: Piepenburg (17, 25, 26, 36, 37, 88, 91, 96); J. Holz (Umschlag Mitte und rechts, 1, 2 o., 5 r., 6, 12, 20, 30, 32, 38, 46, 48, 50, 55, 57, 58, 64, 71, 72, 74, 77, 79, 80, 81, 82, 84, 86, 92, 95); Mauritius: Stockphoto (24), Tres (18), Weigl (66); C. Naundorf (9, 14, 33, 39, 44, 52, 59); Vision 21 (Umschlag links, 2 u., 4, 5 l., 7, 10, 21, 22, 27, 28, 43, 51, 60, 62, 67, 68, 75)

7., aktualisierte Auflage 2003 © Mairs Geographischer Verlag, Ostfildern
Herausgeber: Ferdinand Ranft, Chefredakteurin: Marion Zorn
Lektor: Jochen Schürmann, Bildredakteurin: Gabriele Forst
Kartografie Reiseatlas: © Istituto Geografico DeAgostini, I-Novara
Gestaltung: red.sign, Stuttgart
Sprachführer: in Zusammenarbeit mit dem Ernst Klett Verlag GmbH, Stuttgart, PONS Wörterbücher

Bloß nicht!

Ein paar Verhaltensregeln, die Ihnen den Aufenthalt in Brasilien erleichtern

Über den Lärm erregen

Lärm wird in Brasilien meist als Musik empfunden. Es ist sinnlos, dagegen einschreiten zu wollen. Nur Ohropax und Gelassenheit helfen über die schlimmsten Geräuschwellen hinweg. Bei der Zimmerwahl sollten Sie darauf achten, nach hinten zu wohnen – so hören Sie weniger vom Verkehr. Zum Ausgleich werden Ihnen interessante Hörspiele der Nachbarn zu Ohren kommen.

Die Sicherheit vernachlässigen

Sicherheit ist in Brasilien leider ein Kapitel für sich. Achten Sie darauf, sich nicht »kriminogen« zu bewegen: keine Pretiosen mitschleppen, die Kamera in eine Plastiktüte stecken, Wertsachen im Hotelsafe deponieren. Tragen Sie keine voluminöse Brieftasche bei sich, nur Fotokopien der persönlichen Dokumente, das Geld im Schuh, im Gürtel oder in verschließbaren Kleidungstaschen (Brusttasche), aber nicht in der Gesäßtasche. Meiden Sie Menschenaufläufe. Bewegen Sie sich ohne Hast, umsichtig und ruhig, halten Sie die Hände frei. Keine finstere Miene aufsetzen, sondern freundlich schauen und lächeln! Üben Sie keine Gegenwehr bei einem Überfall! Im Übrigen: Wer (frivole) Abenteuer sucht, kann sie erleben. Selbst Staatsgäste konnten das schon am eigenen Leibe erfahren. Hinterher laut nach der Polizei zu rufen ist allerdings völlig zwecklos.

Recht haben wollen

Auch wenn Sie tausend Mal im Recht sind, bestehen Sie nicht darauf! Versuchen Sie, höflich auf (vermeintliches) Unrecht zu reagieren und eine Lösung zu suchen, die dem Gegenüber hilft, das Gesicht zu wahren und einen Kompromiss zu finden. Brasilianer weichen harten Konflikten aus. Dafür finden sie in scheinbar festgefahrener Situation noch einen Ausweg.

Lockere Strandsitten pflegen

Es geht strenger zu, als die in Tanga und Minibikini freizügig entblößten Körperteile zu signalisieren scheinen. Man zieht sich nie, auch nicht hinter vorgehaltenem Handtuch, am Strand um. In Badehose dagegen lässt man Sie in Strandnähe selbst in bessere Lokale. Fadenscheinige Bikinis werden akzeptiert – »oben ohne« ist unmöglich.

Den Sonnenschutz vergessen

Die Kraft der Tropensonne ist gewaltig. Wer mittags ohne Schutz herumläuft, lebt gefährlich. Wo alle Welt sonnenbraun ist, fällt man durch nordische Blässe nur angenehm auf.